AF192914

Edición: Primera. Enero de 2025

ISBN: 978-84-19830-95-1
E-ISBN: 978-84-19830-96-8
Depósito legal: M-27881-2024

© 2025, Miño y Dávila srl / Miño y Dávila editores sl

Categorías IBIC: JNFN / Educación inclusiva/regularización educativa
JNA / Filosofía y teoría de la educación
JNAM / Objetivo moral y social de la educación
JNFR / Educación multicultural

Diseño y composición: Gerardo Miño

www.minoydavila.com.ar

Dirección: Miño y Dávila s.r.l.
Tacuarí 540. Tel. (+54 11) 4331-1565
(C1071AAL), Buenos Aires, Argentina.

Esta colección, siguiendo a Valentín Voloshinov en su caracterización de lo que es un libro, pretende ser "una actuación discursiva que participa en una discusión ideológica a gran escala: responde a algo, algo rechaza, algo está afirmando, anticipa las posibles respuestas y refutaciones, busca apoyo, etcétera". Por ello la hemos denominado *Crestomatías: cuadernos para la educación crítica*, a estos textos de actuación discursiva que desean participar activa e ideológicamente en la lucha por dar sentido a las palabras, y con ello cambiar la praxis y ayudarnos a pensar sobre la educación.

"El lenguaje es fuente de mal entendimiento", nos recordó Saint Exupery, y Flores D´Arcais también nos ha advertido que la lucha política y la lucha filológica por el significado de, por ejemplo, la idea de democracia son distintos pero complementarios terrenos del mismo combate "en el que siempre está en juego nuestra dignidad". Con ello, nos ha indicado que tenemos que prestar mucha atención a cómo son utilizados los conceptos que inadvertidamente creemos establecidos. Uno de dichos conceptos, es el de educación crítica. Repasando su utilización ya sea por la literatura ingente que se ha publicado y difundido o por el perfil borroso de algunos de sus supuestos representantes, podemos afirmar que se ha ido desfigurando y vaciando su contenido y sentido. Laclau y Mouffe han distinguido entre significantes flotantes y vacíos. Los flotantes dan cuenta de las luchas polisémicas por hegemonizar un espacio fuertemente político y discursivo. Los vacíos, indican momentos de estabilización de los sentidos políticos; una estabilización acomodaticia y precaria sin contenido.

En educación tenemos un sinfín de conceptos vacíos, como los de inclusión, calidad, aprendizaje, y educación. En innumerables casos, la "paralización" del sentido no es más que como un interés económico y político, una conversión sesgada, conservadora y timorata del significante. Desplazamos y anulamos su posible sentido comparativo y crítico para mostrarnos un concepto vacío y neutralizado, cuyo uso, aparentemente plural, señala banalidades y lugares no-comunes.

El sentido de esta colección es justamente combatir la hegemonía, radicalizar el espacio epistémico, como nos recordó Foucault en *Las Palabras y las Cosas*. Queremos volver a debatir y discutir sobre la educación crítica, des-banalizarla, des-neutralizarla, señalar que siendo un concepto flotante vale la pena seguir discutiendo; necesitamos mantener el discurso crítico sobre lo que queremos decir por educación crítica. Aceptar la polisemia del mismo e insistir en que la lucha hegemónica no está perdida, en que necesitamos pensar todavía qué queremos decir cuando empleamos el concepto de educación crítica; que necesitamos debatirlo y no darlo por cerrado. En ello nos va no sólo nuestra dignidad, sino también, lo que es más importante, nuestra potencialidad para una praxis transformadora de la educación.

MIGUEL LÓPEZ MELERO
CATERÍ SOLER GARCÍA
MARCOS A. PAYÁ GÓMEZ

Educación Crítica e Inclusión

El valor de la Diferencia
en una Escuela sin Exclusiones

MIÑO y DÁVILA
◆ E D I T O R E S ◆

A las familias, docentes y alumnado que luchan por una verdadera educación pública, que no han perdido la ilusión y aún son capaces de soñar que un mundo sin exclusiones es posible.

Índice

"No seremos capaces de comprender la vulnerabilidad compartida y la interdependencia si no admitimos que nos pasamos unos a otros el aire que respiramos, que compartimos las superficies del mundo y que no podemos tocar al otro sin ser también tocados por él".

(Judith Butler, 2022, p. 21-22).

"Está claro que un educador reaccionario opera metodológicamente en forma diferente que un educador revolucionario".

(Paulo Freire, 1987, p. 121).

Introducción

Este libro nace de una visión compartida sobre la educación inclusiva, en un esfuerzo por sintetizar nuestros pensamientos sobre la necesidad de construir una escuela pública sin exclusiones. Estamos convencidas de que lo más humano, lo más justo, es valorar y reconocer la diferencia como un derecho y un elemento de valor. La negación, la invisibilidad, la persecución o el exterminio indiscriminado de lo que se nos presenta como diferente representa, a nuestro juicio, una de las principales causas de la crisis política, social y educativa que vivimos en la actualidad. En este sentido, agradecemos a la editorial Miño y Dávila por la oportunidad de compartir preocupaciones, reflexiones, sentimientos y afectos, sobre la necesidad de construir una escuela donde nadie se encuentre excluido.

¿Es posible construir una escuela pública sin exclusiones? Nuestra respuesta es que no sólo es posible, sino también necesaria. En el profesorado debemos identificar y transgredir las barreras que impiden la presencia, el aprendizaje y la participación de personas y culturas diversas en la escuela pública. Esta es la cuestión fundamental que tiene planteada en la actualidad la escuela pública. Nosotras, con cierta humildad, vamos a exponer

cómo se puede construir esa escuela sin exclusiones. Y para ello vamos a partir del siguiente principio:

El mundo se ha comprometido con la educación inclusiva no por casualidad, sino porque es la base de un sistema educativo de buena calidad que permite a cada niño, joven y adulto aprender y desarrollar su potencial. El género, la edad, la ubicación, la pobreza, la discapacidad,[1] el origen étnico, la indigeneidad, la lengua, la religión, la condición de migrante o desplazado, la orientación sexual, la identidad y expresión de género, el encarcelamiento, las creencias y las actitudes no deben ser motivo de discriminación contra nadie en la participación en la educación y la experiencia educativa. El requisito previo es considerar la diversidad de los educandos no como un problema sino como una oportunidad. La inclusión no puede lograrse si se considera un inconveniente o si las personas tienen la convicción de que los niveles de capacidad de los educandos son algo fijo. Los sistemas educativos deben responder a las necesidades de todos los educandos.

---

1 Somos conscientes que el concepto de discapacidad en la actualidad no es considerado, por algunos colectivos en situación de exclusión, tan peyorativo como en épocas pasadas, entendiéndolo como la resultante de las oportunidades que las personas de capacidades diferentes tienen para participar plenamente en la sociedad, muy a pesar de todas las barreras y actitudes negativas que les suele imponer el entorno. Sin embargo, como argumentamos más adelante, nosotras preferimos hablar de las cualidades diferentes que tenemos las personas.

(Organización de Naciones Unidas para la Educación, la Ciencia y la Cultura [UNESCO], 2020, pp. 20-21).

Las iniciativas internacionales, como el Informe Global de Educación de la UNESCO (2020), subrayan la necesidad de que todos los niños, niñas y niñes, también los jóvenes, tienen el derecho a ser educadas juntas en contextos inclusivos. Es crucial entender qué significa realmente la educación inclusiva. Creemos que supera la mera integración, que implica la adaptación de personas diferentes a la cultura hegemónica. Nosotras desde el principio abrimos otras posibilidades de una educación para todas y todos como un proceso de humanización que valora el respeto, la participación y la convivencia y nos brinda la oportunidad de un cambio cultural que transite de la cultura del déficit a la cultura de la diversidad. ¿Por qué es tan difícil explicar lo evidente? ¿Será porque no se tiene claro qué significa educación inclusiva y se confunde con integración?

Hablar de educación inclusiva, desde la cultura escolar, requiere estar en disposición de cambiar nuestras prácticas pedagógicas para que cada vez sean prácticas menos discriminatorias y más educativas. Cambiar las prácticas pedagógicas, entre otras cuestiones, significa que la mentalidad del profesorado ha de cambiar respecto a las cualidades cognitivas y culturales del alumnado, significa que han de cambiar los sistemas de enseñanza y aprendizaje, significa que ha de cambiar el currículum, significa que ha de cambiar la organización escolar, significa que ha de cambiar los sistemas de evaluación, significa, sobre todo, que el profesorado se encuentre preparado, comprometido y organizado para reivindicar e impulsar los cambios que implica una educación para todas y todos.

La educación inclusiva es, lejos de lo que pueda pensarse, una práctica educativa revolucionaria. Es la lucha por el derecho a la igualdad/equidad con derecho a la diferencia. Nunca es un objetivo que alcanzar, sino un principio de acción inmediato. No vale la pena seguir leyendo este libro si no asumimos este principio; todo lo que encontrarán está relacionado con esta visión de la escuela pública, como un lugar donde todas las personas, sin excepciones, aprenden a ser cultas, críticas, libres, dialogantes, cooperativas, democráticas, justas y autónomas. La escuela pública es el hogar de la diferencia.

En fin, no puede haber educación inclusiva en un sistema educativo doble, por un lado, la educación general y por otro la educación específica. Es incompatible que haya centros de educación especial y aulas específicas en los centros ordinarios con la educación inclusiva. Incluso los apoyos deben darse dentro del aula. Sólo puede haber un sistema único de educación. Todo lo demás son formas de segregación y exclusión.

El mundo afronta un tiempo de gran incertidumbre. La crisis climática, fruto de los desequilibrios sistémicos ocasionados por la superación de la gran mayoría de los límites planetarios (Rockström et al, 2009; Richardson et al, 2023), las consecuencias de la pandemia de COVID-19, la precariedad, las nuevas formas de control, sumado a crecientes migraciones forzadas por efecto de la guerra, la desertificación, las tensiones geopolíticas, la pobreza, la violencia sexual y racial, incluso el genocidio más aterrador, han transformado radicalmente nuestras sociedades. Se suceden fenómenos meteorológicos extremos, que provocan largos periodos de sequía, de inundaciones, el agotamiento de los caladeros, la acidificación de los océanos, la tala indiscriminada de árboles, la crisis energética, a la que se suman crisis sanitarias y, como hemos señalado, las guerras que no cesan en muchas regiones del mundo como Irán, Ucrania, Palestina, Yemen, Burkina Faso, Myanmar u otras.

En estas circunstancias resulta muy difícil analizar y comprender la realidad, como igual de difícil resulta cualquier tentativa de reconocimiento del ser humano prescindiendo de su diversidad. Por el contrario, vivimos en un sistema excluyente cuyos (contra)valores fundamentales son la intolerancia, el individualismo, la competitividad, la insolidaridad, el egoísmo y el odio. Un contexto que resulta ser caldo de cultivo para el avance de aquellas ideologías totalitarias, de carácter reaccionario e, incluso, con reminiscencias fascistas, basadas en el odio al diferente como clave de bóveda de sus discursos y políticas públicas.

No obstante, como ha señalado Preciado (2022), la condición planetaria epistémico-política contemporánea también se caracteriza por "la resistencia de una gran parte de los cuerpos vivos del planeta a ser subalternados dentro de un régimen de conocimiento y poder *petrosexorracial*; la resistencia del planeta vivo a ser reificado como mercancía capitalista" (p. 22). Así que no es nuestra intención resultar catastrofistas, a pesar de las numerosas crisis a las que nos enfrentamos en el ámbito mundial. Una crisis que también afecta a la educación. Una crisis que, desde nuestro punto de vista, resulta equiparable a la crisis climática, a la crisis política o a la crisis migratoria que sufrimos en la actualidad. No existe ingenuidad en educación, sino ideología. En este sentido, existen alternativas educativas susceptibles de propiciar transformaciones profundas que nos permitan hablar de una educación verdaderamente emancipadora.

La educación como práctica de la libertad, diría Freire (1987), al entender la pedagogía como praxis por la justicia social. Una educación democrática como experiencia que nos permita construir un mundo mejor. Una democracia real como herramienta para convivir en paz y no para aniquilar al otro u otra. Una democracia de todas y para todos y no para una minoría privilegiada. La democracia debe ser una manera de convivir en la equidad y en la responsabilidad, junto a la libertad de poder pensar críticamente. Por eso, en la escuela pública, el alumnado debe *aprender a pensar y aprender a convivir juntas*. No hay democracia sin el carácter público y equitativo de la escuela. Tampoco puede haber democracia sin respeto a la diversidad. En este sentido, la lucha contra la desigualdad y el compromiso de construir una educación sin exclusiones es uno de los pilares de una verdadera democracia radical.

Por estos motivos, la consolidación de una sociedad democrática no radica en ofrecer "programas" para determinados colectivos y/o personas que se resisten a someterse a los numerosos dispositivos del paradigma necropolítico del capitalismo neoliberal (Agamben, 2011; Mbembe, 2011), sino en establecer políticas orientadas a erradicar la exclusión. Esto no será posible hasta que la diferencia sea considerada un mecanismo de construcción de nuestra autonomía y de nuestras libertades y no una excusa para profundizar en las desigualdades políticas, económicas, culturales y sociales (Barton, 2008). Este es nuestro compromiso político al escribir el libro. Más aun, nuestra obligación como docentes comprometidos (activistas sociales) es poner de manifiesto que frente a este mundo deshumanizado necesitamos un cambio cultural y educativo que nos permita formar una ciudadanía culta, dialogante, solidaria, cooperativa, democrática y justa. La sociedad exige una educación laica y ecofeminista, una pedagogía crítica y emancipadora, basada en los Derechos Humanos (1948) y en la Convención de los

Derechos de la Infancia (1989), que nos devuelva lo que de humano ha perdido la humanidad si queremos construir una *sociedad sin exclusiones*. Consideramos los Derechos Humanos como proyectos de vida emancipatorios que deben ser vividos para satisfacer, dignamente, las necesidades presentes y futuras ¿Por qué necesitamos sufrir tanto para instalar en la mente del profesorado lo que nos parece evidente?

Necesitamos una educación crítica e inclusiva si aspiramos a construir una sociedad sin exclusiones. Una postura que exige la transformación de la escuela. En otras palabras, esto significa cambiar todo lo que deba ser cambiado para hacer efectivo el derecho a la educación de todas y todos sin excepción. Todo se puede cambiar para lograr una escuela pública que esté a la altura del sueño pedagógico freireano de la concientización crítica. En el sentido de que "la educación verdadera es praxis, reflexión y acción del hombre sobre el mundo para transformarlo" (Freire, 1987, p. 7). Necesitamos una profunda reflexión sobre el papel de la educación pública en nuestras sociedades. Una educación que permita, por una parte, concientizar sobre los desafíos de la crisis climática y, por otra, incidir ante la crisis económica, social y democrática. Necesitamos construir un proyecto educativo que transgreda los valores de la educación tradicional (Hooks, 2021) para incorporar los valores ecosocialistas y ecofeministas (Riechmann, 2015; Herrero, 2015) como fundamentos de una nueva educación.

El desarrollo tecnocientífico ha transformado el mundo sin hacerlo más democrático, por eso sospechamos de aquellas propuestas que confían en el desarrollo tecnológico y científico la solución a los problemas educativos. La tecnología siempre será un medio, nunca un fin en sí misma. La educación democrática debe promover el uso responsable y ético de las nuevas tecnologías garantizando una educación que prepare para comprender críticamente la información. Necesitamos *vivir bien*, en equilibrio con la naturaleza, y no *vivir mejor*, explotando a la naturaleza y a las personas (Farah y Vasapollo, 2011). Consideramos este *vivir bien* como una oportunidad para construir otro mundo posible sustentado en la convivencia del ser humano en armonía con la naturaleza. Este buen vivir tiene que ver con la construcción de una vida en plenitud. Los seres humanos somos constitutivamente eco-dependientes e interdependientes (Herrero, 2021). Por tanto, la solución a nuestras situaciones problemáticas no reside en la técnica, sino en la ética de la práctica educativa. La escuela pública necesita de una ética del cuidado y una política de la diferencia (Angulo, 2022; Gilligan, 2013; Young, 2000). De ahí que sea necesario construir un currículum escolar eminentemente democrático, conectado con la vida y los desafíos a los que nos enfrentamos como especie. Un currículum para una escuela que no rehúya de la controversia, la crítica y el diálogo compartido. Un currículum que nos permita construir un proyecto común de bienestar y de vida buena (Redon, 2024), sin desigualdades, sin pobreza y sin crisis climática.

La educación crítica e inclusiva es vital para contrarrestar el retroceso en derechos provocado por el avance reaccionario y neoliberal que irracionalmente nos conduce a la barbarie. La "especial educación" que necesita el ser humano en estos momentos pasa por el reconocimiento de cada ser humano en su diversidad. Una educación que reconozca, proteja y valore las diferencias humanas, desarrollando la convivencia democrática en la diversidad. ¿Cómo podemos construir una escuela de todas y todos, pero con todas y con todos?

Desde luego, no basta con la buena voluntad del profesorado. La voluntad es importante, pero suele ser insuficiente. ¡Por supuesto que estamos necesitados de buenas dosis de sensibilidad y esperanza!, pero también de una formación inicial sólida y una formación continua relevante. Además, resulta imprescindible que este enfoque se contemple en la planificación del centro educativo con la participación de quienes integran la comunidad educativa: estudiantes, familias, personal docente y de administración. También debe ir en consonancia la organización de infraestructuras y recursos. La coordinación con el resto de los agentes sociales de la comunidad es otro de los elementos a potenciar, desde una apuesta por promover redes educativas comunitarias comprometidas con la transformación de la realidad más cercana. Somos conscientes que esto que describimos puede resultar utópico y ser tachado de idealista, pero como escribió el poeta, *jamás renunciaremos ni al más viejo de nuestros sueños.*[2]

Nuestra propuesta está llena de optimismo, ilusión y amor. Es necesario, por tanto, construir una visión utópica de la realidad, como aspiración y deseo de un mundo mejor, en contra del utilitarismo neoliberal, porque "sólo quienes sean capaces de encarnar la utopía serán aptos para el combate decisivo, el de recuperar cuanto de humanidad hayamos perdido" (Sábato, 1999, p. 188). Utopía en el sentido que está por construir. La retórica ha de dar paso a la acción. Este compromiso con la acción supone construir esa utopía. No como un horizonte por conquistar, sino como un principio de acción inmediato. Esta es la tesis principal de este libro, subvertir el consenso sobre lo que popularmente se denomina "educación inclusiva" para posibilitar una acción reflexiva y crítica para transformar la escuela pública en una escuela sin exclusiones.

Con este deseo, presentamos este ensayo titulado *Educación crítica e inclusión. El valor de la diferencia en una escuela pública sin exclusiones.* En primer lugar,

---

2   Esta frase es atribuida al poeta Miguel Hernández. La frase completa es "Aunque el otoño de la historia cubra vuestras tumbas con el aparente polvo del olvido, jamás renunciaremos ni al más viejo de nuestros sueños" y fue escrita en los muros de la cárcel antes de morir.

describimos qué entendemos por el derecho de todas las personas a una educación equitativa y de calidad. Subrayando, por tanto, el valor de la diferencia en el contexto educativo. En segundo lugar, proponemos la necesidad de construir otra escuela pública, exponiendo las barreras que lo están impidiendo. En tercer lugar, ofrecemos otra manera de concebir la escuela pública como un lugar donde nadie se sienta excluido, subrayando los principios de acción necesarios y ofreciendo una propuesta para una nueva escuela pública. Y cerramos el círculo, en cuarto lugar, advirtiendo que la construcción de una sociedad inclusiva pasa necesariamente por una educación sin exclusiones. Es decir, una sociedad más libre, más solidaria, más justa, más democrática… más humana, que nos ayude a proyectar un mundo mejor. ¿Quién no desea un mundo mejor?

Capítulo 1
El derecho a la educación

Todas las niñas, niños, niñes y jóvenes del mundo, tienen derecho a la educación. Sin embargo, este derecho no se refiere a cualquier tipo de educación, sino a una que sea equitativa y de calidad. Un sistema educativo es equitativo y de calidad cuando el estudiantado, respetando y valorando sus diferencias, se educa conjuntamente. No es el sistema educativo quien tiene el derecho de acoger a una parte del alumnado y a rechazar a otra. Es el propio sistema el que debe cambiar para celebrar la diversidad en nuestras aulas. Este es el principio fundamental de la educación inclusiva; lo demás es despotismo ilustrado. Una educación sin exclusiones es un derecho fundamental, por lo que exige un compromiso que garantice una educación equitativa y de calidad para todas las personas, basada en el reconocimiento de sus diferencias personales.

En este capítulo, se pone en evidencia las diferentes maneras de entender la educación, cada una con sus propias particularidades ontológicas, epistémicas y axiológicas. Una educación sin exclusiones no es una cuestión técnica, sino ideológica. Y, por tanto, irreductible e irremediablemente controvertida. A pesar de los espejismos de consenso que proclaman los informes internacionales. Comprender estas perspectivas es esencial para desarrollar prácticas contrahegemónicas más justas.

En primer lugar, encontramos una primera respuesta a la diversidad basada en el "olvido" o el "abandono", donde no existe el derecho a la educación. En este enfoque, el reconocimiento de las necesidades, deseos y posibilidades del estudiantado no tenían, ni tienen, ningún valor. Desde esta perspectiva, ciertas personas, en razón de sus diferencias, vivían –y aún viven– excluidas de cualquier relación y participación humana (Goffman, 2006). Son consideradas como "seres inhumanos". Una posición que se desliza entre el misterio y la repulsa.

Una segunda respuesta, que podríamos denominar como asimilacionista, considera que las diferencias, en un sentido amplio, son vistas como amenazas a la cohesión social o, en nuestro caso, a la eficiencia del proceso educativo. En este sentido, se espera que las mayorías culturales diversas se adapten y asimilen las normas y valores de la cultura dominante (Bourdieu y Passeron, 1990), pero en contextos y con prácticas segregadoras. Una respuesta asistencial, no educativa, en la que se piensa que donde mejor se educan las personas de culturas y cualidades humanas diferentes es en colegios especiales o, en su defecto, en aulas de educación especial en centros ordinarios. Esta situación, aun en la actualidad, se sustenta en la falacia que afirma que hay *personas que aprenden* y *personas que no aprenden*. Es el modelo deficitario más tradicional, el modelo de la *educación especial*, caracterizado por propuestas curriculares y estrategias didácticas desiguales, en centros o aulas específicas y con profesionales especialistas en el déficit.

Por otro lado, una perspectiva, desde nuestro punto de vista, similar a la anterior, pero de ánimo caritativo es la respuesta basada en *la integración*, propia de las reformas educativas contemporáneas. Este acto aparentemente progresista es, en realidad, profundamente neoliberal. Una propuesta basada en el supuesto de que aquellas personas que transgredan los códigos culturales o capacitistas hegemónicos se integren en las aulas y centros ordinarios sin que nada más cambie. Un *gatopardismo* educativo exige que sean ciertos individuos los que han de cambiar para ser considerados como personas "integradas", sin cambiar el currículum, ni el profesorado, ni los procesos de enseñanza y aprendizaje, ni los espacios, ni ningún otro aspecto de la didáctica y la organización escolar. Es el modelo de las "adaptaciones curriculares".[3]

---

3 En varios países del contexto Iberoamericano nos encontramos que las adaptaciones curriculares son definidas institucionalmente como modificaciones o ajustes realizados en el currículo educativo común con la pretensión de atender las necesidades específicas de aprendizaje de un estudiante o un grupo de estudiantes. Estas adaptaciones suelen implicar cambios en los objetivos de aprendizaje, los contenidos, la metodología, los recursos, las actividades o los criterios de evaluación que, entendemos, terminan por reducir y/o simplificar la amplitud y profundidad del conocimiento escolar.

En último término, se les exige a ciertas personas lo que no se le exige a nadie: se les reduce el currículum, y encima tienen que demostrar sus capacidades para ser merecedores de su propia dignidad, olvidando que para que una respuesta sea educativa, lo primero que tiene que cambiar son los contextos de familia, escuela y sociedad, es decir, el sistema, no las personas. En fin, si para el desarrollo cognitivo se necesita cultura y cultura de calidad, y lo que se ofrece con las adaptaciones curriculares es subcultura, lo que se produce es, lógicamente, subdesarrollo. Los conceptos de "Necesidades Educativas Especiales" (NEE) y "Necesidades Específicas de Apoyo Educativo" (NEAE) que enarbolan todo el proceso de integración son más conceptos que derechos, son otros eufemismos más, pero sin cambios profundos en la cultura escolar, y aunque se sigue manteniendo que las diferencias humanas son elementos de valor, en la vida real y en las prácticas educativas, son manifestaciones constantes de desigualdad curricular, subrayando las incapacidades y no las cualidades cognitivas ni culturales. Sobre el papel, es cierto que el pensamiento de las diferencias humanas como categorías se abandonaba en el planteamiento integrador por una comprensión de las diferencias en torno a un *continuum*, pero en la respuesta educativa se mantenían las desigualdades. No hay cambios, sólo reformas.

En contra de las respuestas anteriores, y de su etnocentrismo cultural mediante la imposición de una cultura dominante sobre otras, se genera una perspectiva *pluralista* basada en la aceptación de todas las culturas como de igual valor, promoviendo la incorporación de medios y materiales multiculturales en el entorno escolar. Podríamos decir que se trata de una respuesta a medio camino entre la integración y la inclusión educativa. Una respuesta que en su huida de la asimilación y la integración cae en un relativismo absoluto que deforma su voluntad inicial, propiciando procesos de *guetización* cultural, exacerbando las desigualdades, y promoviendo implementaciones superficiales que no abordan las profundas inequidades y prejuicios existentes. Se naturalizan las desigualdades.

Todas las perspectivas anteriores están centradas en el individuo como elemento central de los procesos de enseñanza y aprendizaje, sustentados en el principio de *igualdad de oportunidades* y no en el principio de *equidad* como fundamento de una verdadera educación inclusiva. En otras palabras, una educación que dé a cada quien según sus necesidades y exija de cada quien según sus peculiaridades. Precisamente, como respuesta al fracaso que supuso las políticas educativas basadas en la *integración*, al no propiciar ningún cambio significativo, la UNESCO, ya desde 1990 mediante la *Declaración Mundial sobre Educación para Todos*, en un esfuerzo bien intencionado pero insuficiente, se planteó la necesidad de *construir una escuela para todos y para todas.* En esta ocasión, se trataba de cambiar al sistema, no a las personas.

En este contexto, el concepto de *inclusión educativa* irrumpe cuando en la mayoría de los países aún no se había consolidado el discurso de la integración, generándose una gran confusión en la vida escolar y social, ya que se pensaba, y se continúa pensando, que la simple presencia de personas históricamente excluidas en nuestros centros educativos era indicativa de prácticas inclusivas, lo cual no es cierto. De lo que se trata es de la transformación radical de los centros educativos para que sean contextos que reconozcan, valoren y garanticen el derecho a la educación de todas las personas. De ahí que nosotras distingamos dos grandes visiones sobre la denominada "educación inclusiva": una neoliberal, centrada en cambiar a los sujetos con algún tipo de peculiaridad o de culturas diferentes, pero sin cuestionar la escuela actual ni las formas homogéneas y estandarizadas de hacer educación (integración); y otra radical, centrada en cambiar los sistemas y no las personas (inclusión).

Esta última, se ve encarnada cuando el profesorado se pregunta: *¿Qué tipo de cambios en el espacio y en el tiempo escolar, en los procesos de enseñanza y aprendizaje, en la construcción social del currículum, en la formación inicial y permanente del profesorado, en el papel del alumnado, en los recursos necesarios o en los sistemas de evaluación, debemos hacer para que todas las personas sean respetadas en sus peculiaridades, convivan y aprendan juntas?* No se centra en cambiar a las personas, sino en cambiar los sistemas. La educación no se focaliza sobre las incapacidades, sino sobre las posibilidades, donde la diferencia es considerada un valor y no un defecto. El derecho a ser y el derecho a la diferencia. ¿Qué es esto del derecho a ser? Desde nuestro punto de vista, está constituido como derecho no desde la legalidad sino como una condición del ser humano, como principio de humanidad.

En ese sentido, los sistemas políticos, sociales y educativos deben reunir las condiciones para que ninguna persona ni ningún grupo humano sea excluida o discriminada. En nuestro caso, la escuela pública y su profesorado han de buscar y encontrar las estrategias adecuadas para construir comunidad en la diversidad. Este es el sentido que le damos a la escuela pública. Por tanto, ¡dejemos de hablar de personas discapacitadas o de las carencias que trae algún alumnado al aula y hablemos de problemas en los modelos educativos, en la construcción del currículum y en la formación de calidad en el profesorado! Hablemos de educación. Hablemos de educación pública. Sólo cuando esto se comprende, se actúa. Y eso es lo que debemos hacer, actuar para transformar los contextos. Como nos recuerda Freire (1990):

> La conciencia, no se transforma a través de cursos y discursos, o de sermones elocuentes, sino por la acción de los seres humanos sobre el mundo [...] Supone conjunción entre teoría y práctica en la que ambas se van

constituyendo, haciéndose en un movimiento permanente de la práctica a la teoría y de ésta a una nueva práctica. (p. 178).

De ahí que afirmemos que hablar de inclusión en educación es hablar de justicia social, entendida desde las tres dimensiones de *reconocimiento, redistribución* (Fraser y Honneth, 2006) y *representación* (Fraser, 2008; Fraser y Butler, 2017). Reconocimiento de las diferencias humanas, ya que de lo que se trata es de legitimar a la otra y al otro como legítima otra u otro en su diferencia (Maturana, 1994). Las diferencias son una oportunidad para transformar los procesos de enseñanza y aprendizaje. Asumimos la redistribución de las oportunidades, porque parece lógico que para construir una sociedad justa y honesta sea necesario desarrollar modelos educativos equitativos y de calidad que afronten con justicia los desequilibrios existentes en nuestras escuelas, ya que, además de un derecho y un valor, la educación es uno de los medios más importantes para romper el círculo de la pobreza[4] y de las desigualdades en el mundo (Rawls, 2002; Nussbaum, 2006; Sen, 2010; Young, 2012; Sapon-Shevin, 2013; Cortina, 2017). No obstante, cuando

---

4   Según Informe de Oxfam Intermón (2023), el "1% más rico ha acaparado casi dos terceras partes de la nueva riqueza (valorada en 42 billones de dólares), generada a nivel global entre diciembre de 2019 y diciembre de 2021, casi el doble que el 99% restante de la humanidad".

se trata de la conquista de la justicia social, solo podríamos entender el reconocimiento y la redistribución si hay representación, desde una perspectiva política; en este sentido lo asumimos como la participación de todas las personas protagonistas en la construcción de la cultura escolar y de una escuela democrática (Fraser, 2008). Porque mientras exista un alumno o una alumna que haya perdido su dignidad, es decir, que no sea respetado como es, ni participe en la construcción del conocimiento con los demás, ni conviva en igualdad de condiciones que sus compañeras y compañeros, no habremos alcanzado la educación pública. Es decir, no habremos logrado construir una escuela sin exclusiones.

Es imprescindible, por tanto, que los responsables de las políticas educativas, el profesorado y las investigadoras e investigadores contraigamos el compromiso moral de orientar la educación hacia la equidad y la calidad. La justicia como equidad para atender a la ciudadanía que se encuentra en desventaja en nuestras escuelas (Rawls, 2002). No hay calidad educativa sin equidad, ni equidad si no se reconoce la diversidad como cualidad humana. Sólo lograremos un sistema educativo equitativo y de calidad cuando las diferencias sean consideradas un valor y no un defecto y las aulas se conviertan en comunidades de convivencia y aprendizajes. Es decir, en unidades de apoyo de unos a otros. Sólo podremos hablar de equidad y justicia social si cambiamos nuestras prácticas educativas para que nadie se encuentre excluido en nuestros centros educativos.

En definitiva, la educación inclusiva no se trata de una moda, se trata de una necesidad social. Es una forma de responder a las múltiples y diversas formas de exclusión, al derecho que tienen todas las personas a la educación. No obstante, la transformación que implica la educación inclusiva no está exenta de dificultades. En este sentido, son varias las barreras que imposibilitan la construcción de una escuela sin exclusiones. No se trata de una mera reforma, sino de una transformación profunda de las estructuras educativas. Hablar de escuela pública, que debería ser lo mismo que hablar de educación inclusiva, implica asumir una postura de justicia social en educación, de reconocimiento y valoración de las diferencias y, por tanto, de equidad. No sólo eso, transformar el sistema educativo para que sea más inclusivo significa que hemos de consolidar una sociedad más justa y equitativa, en la que se tome conciencia de cuáles son los factores sociales, culturales, políticos y económicos que producen exclusión. Se trata de humanizar la educación partiendo del reconocimiento de la diversidad como condición que nos enriquece.

1. Romper las etiquetas: el valor de la diferencia

Nos parece oportuno aclarar dos cuestiones. Una es el concepto de diversidad y la otra el de discapacidad. Para muchos docentes, la palabra "inclusión" o el concepto de "diversidad" todavía son sinónimos de alumnado con "discapacidad". Esta es una visión que no compartimos; es un viejo problema ignorado en las escuelas que no queremos eludir.

Desde nuestro punto de vista, entendemos la diversidad como la cualidad más representativa de los seres humanos, relacionada con un concepto amplio que abarca la etnia, el género, la religión, la diversidad cognitiva, lingüística, física, la procedencia, entre otros aspectos. En cuanto al concepto de discapacidad, la literatura especializada distingue entre *deficiencia*, *discapacidad* y *minusvalía*. La deficiencia se suele referir a la pérdida de una función corporal normal; la discapacidad, a la limitación que esta deficiencia impone en el entorno de la persona; y la minusvalía, a la desventaja resultante de la discapacidad. Aclarado esto, subrayamos que cuando hablamos de diversidad no nos referimos a "discapacidad". Hablamos del reconocimiento de las diferencias humanas como valor y derecho, no como defecto ni lacra social. Así, se deben contemplar las diferentes cualidades que nos definen como personas, como oportunidades de aprendizaje, porque enriquecen los procesos educativos. Todas estas diversidades deben ser afrontadas desde la justicia social para que toda institución educativa constituya una comunidad de convivencia y aprendizajes, en la que nadie es superior ni más importante que el otro u otra y todas, absolutamente todas, participen activamente en la construcción de la cultura escolar, en la convivencia y en el aprendizaje. Las diferencias humanas que nos caracterizan como especie no pueden ser, bajo ningún concepto, objeto de justificación de las desigualdades existentes.

> Todos los seres humanos pertenecen a la misma especie y tienen el mismo origen. Nacen iguales en dignidad y en derechos y todos forman parte integrante de la humanidad. Todos los individuos y grupos tienen derecho a ser diferentes, a considerarse y ser considerados como tales. Sin embargo, la diversidad de las formas de vida y el derecho a la diferencia no pueden en ningún caso servir de pretexto a los prejuicios raciales; no pueden legitimar ni en derecho ni de hecho ninguna práctica discriminatoria. (UNESCO, 1981).

La diversidad alude a la circunstancia de que las personas somos diferentes pero iguales en derechos y dignidad. En este sentido, la igualdad no es un fenómeno biológico sino un precepto ético. La variedad del ser humano se manifiesta tanto desde el ámbito interindividual como intraindividual. Es hermoso que cada una de nosotras sea única e irrepetible; de la misma manera que no existen dos amapolas iguales, tampoco existen dos personas idénticas. Las diferencias entre las personas son consustanciales al ser humano. Sin embargo, una cosa es la diferencia y otra, muy distinta, es establecer desigualdades ciudadanas en función de esas diferencias. De ahí que los colectivos subalternos sean los más discriminados.

No somos ajenos a que cuando algunas autoras y autores se refieren a personas socialmente consideradas "discapacitadas" sitúan la limitación en la persona. Nosotras pensamos que no hay personas defectuosas; sólo son eso: niñas, niños, niñes, adolescentes y jóvenes. Como recuerda Maturana (1994): "Desde el punto de vista biológico no tiene errores, no hay minusvalía, no hay disfunciones (...) En biología no existe minusvalía (...) Es en el espacio de las relaciones humanas donde la persona definida como limitada pasa a ser limitada" (p. 261).

Esta visión capacitista es un fenómeno que debe ser abordado de manera crítica en cualquier teoría y/o práctica sobre diversidad e inclusión. No podemos reducir a las personas a sus limitaciones físicas o mentales, ignorando sus capacidades y potencialidades. Es fundamental romper con esta perspectiva estigmatizante para construir contextos inclusivos. La verdadera inclusión reconoce y valora las habilidades y contribuciones únicas de cada persona, independientemente de sus cualidades físicas o mentales. Como señala Campbell (2001), el capacitismo es una forma de opresión que debe ser desafiada para promover una sociedad más equitativa y justa.

Por tanto, la percepción del profesorado sobre el alumnado y los procesos de enseñanza y aprendizaje determinarán los modelos educativos que se pongan en práctica. El reconocimiento de las diferencias del alumnado, en la búsqueda de la equidad educativa, es de un valor extraordinario en la escuela pública, entendiéndola no como igualdad de oportunidades, sino como igualdad de derecho en el desarrollo de las capacidades cognitivas y culturales, es decir, de oportunidades equivalentes. Igualdad en la diversidad es la expresión más acorde con nuestro pensamiento de equidad, dado que cada persona debe recibir en función de sus necesidades y no todas lo mismo. Fraser y Honneth (2006), Fraser (2008) y Fraser y Butler, 2017) subrayan que, como hemos señalado con anterioridad, cuando hablamos de respeto a las diferencias, en realidad hablamos de justicia social. Por eso, se necesitan políticas de redistribución para superar las injusticias socioeconómicas, de reconocimiento para superar las injusticias socioculturales y de representación para superar las injusticias sociopolíticas. Así, la equidad, los derechos y la justicia social no serán meros artificios discursivos en una sociedad donde, al parecer, no hay lugar para todas las personas, por mucho que la UNESCO (1990) hable de *Escuela para Todas*.

Las personas con cualidades diferentes y de culturas subalternas no necesitan una educación reparadora de nada, porque no son desperfectos de la naturaleza o "residuos humanos" (Bauman, 2013) sino una educación equitativa y de calidad. Esta educación de calidad debe llevarse a cabo en la escuela pública, en común con todo el alumnado, porque lo que está en juego no es solo la educación de estas personas, sino algo mucho más importante: la construcción de la propia democracia. Este es el compromiso que deseamos trasmitir: el aprender juntos a construir modelos democráticos donde se desarrolle una cultura escolar en la que las niñas, niños, niñes, adolescentes y jóvenes aprendan a ser personas demócratas, cultas y comprometidas con hacer de este mundo un lugar más amable y humano.

Si luchamos por una educación pública sin exclusiones, necesitamos ser conscientes de cuáles son las barreras que lo están impidiendo. Barreras que coartan el derecho a la educación de la infancia, adolescencia y juventud, lo que implica que no sean respetados en su diferencia, que no participen en la construcción del conocimiento junto a las demás, ni convivan, ni aprendan en la misma clase. Romper estas barreras y la garantía del derecho a la educación para todas es, precisamente, el compromiso ético de la escuela pública.

Capítulo 2
Barreras que Impiden la Escuela sin Exclusiones

Pudiéramos definir en tres clases las barreras que impiden el respeto, la participación, la convivencia y el aprendizaje de todas y todos: políticas, culturales y didácticas (López Melero, s.f., 2011, 2012, 2016, 2019; López Melero y Payá Gómez, 2019).

1. Barreras políticas: incoherencias y contradicciones en las regulaciones y normativas

A pesar de que desde 1948 en la Declaración Universal de los Derechos Humanos se contemplara la Educación como un derecho y que posteriormente, en 1990 en la Conferencia Mundial "Educación para todos" la UNESCO lo reconocía como tal y no como un privilegio, y que en años posteriores hasta la actualidad dicha institución mantuviera en todas sus declaraciones, a las que se han adscrito la mayoría de los países, que no puede haber distinciones por ninguna cualidad que justifique la exclusión de las personas a la educación, no se cumplen estos acuerdos en las políticas y acciones educativas en muchos lugares del mundo.

Existen barreras políticas vinculadas a las contradicciones e incoherencias de las normativas legislativas de los países que regulan la educación de las personas con cualidades diversas y que asocian en la mayoría de las veces inclusión a "discapacidad" o "anomalía", atendiendo a una perspectiva excluyente de entender la diversidad asociada a aquellas personas con cualidades cognitivas, sensoriales, comunicativas, afectivas, de movilidad o del desarrollo, consideradas por las instituciones y administraciones como "necesidades especiales". Desde esta percepción, los países regulan estableciendo distinciones entre una "educación general" y una "educación especial", que genera segregación y exclusión educativa, contraria al planteamiento de la UNESCO de garantizar una educación inclusiva sin excepciones.

La inclusión es para todos sin excepción. Se suele asociar la educación inclusiva a las necesidades de las personas con discapacidades y la relación entre la educación general y la educación especial. A partir de los años 1990, la lucha de las personas con discapacidades ha moldeado la perspectiva mundial de la inclusión en el campo educativo, conduciendo al reconocimiento del derecho a una educación inclusiva, consagrado en el artículo 24 de la convención de las Naciones Unidas sobre los Derechos de las Personas con Discapacidad (2006). Sin embargo, tal como lo reconoce en 2016 la Observación General nº 4 sobre dicho artículo, la inclusión tiene un alcance más amplio. Los mismos mecanismos excluyen no solo a las personas con discapacidad, sino también a otras, a causas de factores como el género, la edad, el lugar donde se encuentran, la pobreza, la discapacidad, el origen ético, la pertenencia a pueblos indígenas, la lengua, la religión, la migración o la situación de desplazamiento, la orientación sexual o la expresión de identidad de género, el encarcelamiento, las creencias o actitudes. El sistema y el contexto no toman en cuenta la diversidad y la multiplicidad de necesidades. La sociedad y la cultura determinan reglas, definen la normalidad y perciben la diferencia como una anomalía. (UNESCO, 2020, p. 10).

Sin embargo, en los países firmantes de estos acuerdos en los que se reafirma el derecho a la educación para todas las personas sin distinciones en sus constituciones, leyes generales o locales de educación se refieren a:

- la existencia de *Centros Específicos de Educación Especial* o *Aulas de Educación Especial* dentro de centros ordinarios de enseñanza general;
- la utilización de los términos *integración* e *inclusión* indistintamente como sinónimos (distinciones conceptuales que han quedado aclaradas en el capítulo anterior);
- la concepción de las *Necesidades Educativas Especiales* (NEE) y de *Necesidades Educativas de Apoyo Educativo* (NEAE) para hacer referencia a las características del alumnado consideradas "anómalas" cuando, según la UNESCO (2020) "El concepto de necesidades especiales debería ser reemplazado por el concepto de obstáculos a la participación y al aprendizaje" (p. 10);

- hacer uso del término *evaluación* cuando en realidad se está haciendo referencia a la calificación, conceptualmente y, en consecuencia, en las propuestas de acción de los procesos de enseñanza aprendizaje, que a su vez derivan en clasificaciones y estigmatizaciones que propician la exclusión del alumnado;
- *atención a la diversidad* como respuesta individual al alumnado diagnosticado con una "discapacidad" o "problemática"; entendemos que debemos hacer mención a la *respuesta a la diversidad* de todas las personas entendida desde una mirada sistémica, donde deben transformase cualitativamente los contextos para responder a todo el alumnado desde el respeto a sus diferencias;
- hacer mención a un currículum común e inclusivo, para todas las personas y, a la vez, defender las adaptaciones curriculares como alternativa, cuando estas generan trayectorias educativas segregadoras puesto que sobreentienden que el alumnado, generalmente considerado con "NEE" o con "NEAE" debe asumir una cultura cualitativamente inferior;
- se explicita, por un lado, la necesidad del trabajo interdisciplinar y cooperativo entre el profesorado y, por otro, se considera que el profesorado de apoyo y aquellos especialistas asignados por la administración al alumnado diagnosticado con cualquier "problemática", deben sacar al alumnado fuera del aula común o llevar otro currículum dentro de esta, privándoles así de la cultura común que construyen sus compañeras y compañeros de grupo;

- la aceptación de varios tipos de centros que distinguen al alumnado por diferentes condiciones: socioeconómicas, creencias, sexo o por su condición de diagnosticado con "NEE" o "NEAE", lo que trae como consecuencias de exclusiones de selección, acceso y permanencia del alumnado en los centros. Estas clasificaciones de los centros pueden ser: (1) privados, privados concertados[5] y públicos; (2) centros femeninos y centros masculinos, y (3) centros de Educación Especial, centros de enseñanza general con o sin aula específica de Educación Especial;

- la escasa financiación o disposición de los recursos para los centros educativos públicos, marcando las diferencias económicas entre este tipo de centro y otros de condición privada, estableciéndose "centros de ricos" y "centros de pobres", generando desigualdades de oportunidades en el alumnado y sus familias;

- la injerencia del mercado en las políticas educativas; tal es el caso de la Organización para la Cooperación y el Desarrollo Económico (OCDE) cuando presenta los resultados del Programa para la Evaluación Internacional de los Estudiantes (Informe PISA) que condiciona los sistemas educativos de los países de los que forma parte respondiendo a los intereses económicos y no pedagógicos.[6]

---

5 Varios países de Europa tienen centros educativos privados que cuentan con financiación pública, aunque cada país tiene sus propias peculiaridades y regulaciones. En España concretamente se les denomina *centros privados concertados.*

6 Un ejemplo lo encontramos en España, en La Ley Orgánica 8/2013, de 9 de diciembre, para la Mejora Educativa (LOMLOE) en su

Estas contradicciones e incoherencias en las políticas educativas obstaculizan la construcción de una escuela sin exclusiones. La administración educativa debe ser coherente entre los enunciados de las leyes y normativas internacionales, nacionales, autonómicas, municipales y la acción educativa. La legislación tiene que ser compatible con las prácticas educativas inclusivas, para no perpetuar sistemas educativos segregadores y excluyentes. Es obligación de los estados romper con las situaciones de exclusión que están coartando ese derecho a la educación, tal como señala la UNESCO (2020):

> En todos los países, con excepción de los de altos ingresos de Europa y América del Norte, solo el 18% de los jóvenes más pobres terminan la escuela secundaria por cada cien de aquellos más ricos. En 20 o más países, principalmente del África Subsahariana, prácticamente ninguna joven pobre de las zonas rurales termina la escuela secundaria. (...)

> Si bien el 68% de los países definen la educación inclusiva, solo el 57% de estas definiciones abarcan los grupos que son objeto de formas múltiples de marginación. (...)

> En lo tocante a alumnos con discapacidades, las leyes del 25% de los países (pero más del 40% en Asia y en

---

preámbulo (p. 6 y p. 8) justifica la reforma a partir de los resultados ofrecidos por el Informe PISA y además considera que la implantación de las pruebas estandarizadas aplicadas por la OCDE es "una de las medidas llamadas a mejorar de manera más directa la calidad del sistema educativo" (p. 6). Véase también Angulo y Bernal (2022).

América Latina y el Caribe) definen lugares separados para la enseñanza, el 10% optan por la integración y el 17% por la inclusión; en el resto se establecen combinaciones de segregación e integración. En los países de la OCDE más de dos tercios de los estudiantes inmigrantes asisten a escuelas donde al menos la mitad de los estudiantes son inmigrantes. (p. 9).

Se necesitan, por tanto, políticas educativas más justas que garanticen la equidad de oportunidades, protegiendo así a los colectivos más vulnerables, a las que más lo necesitan, y ofrezcan una educación donde se reconozca y esté representado todo el alumnado sin exclusiones. El derecho a la educación, además de un valor necesario, es el garante de otros derechos también fundamentales como la justicia social, el desarrollo, la libertad. Las reformas educativas que se están implantando en los países de democracias neoliberales no son suficientes, de ninguna manera, para la construcción de una escuela sin exclusiones; se necesitan transformaciones profundas en cómo entender la escuela, garantizando su valor público e inclusivo, y en los procesos de enseñanza y aprendizaje.

Coincidiendo con la UNESCO (2020) entendemos que los países tienen la obligación de garantizar una educación para todas las personas:

(…) la educación inclusiva de manera más amplia: debería incluir a todos los educandos, independientemente de su identidad, origen o capacidad. Si bien el derecho a la educación inclusiva abarca a todos los educandos, muchos gobiernos no han basado aún sus leyes, políticas y prácticas en este principio. Los sistemas educativos que valoran la diversidad y creen que cada persona añade valor, tiene potencial y debe ser tratada con dignidad, permiten a todos aprender no solo lo básico, sino también la gama más amplia de competencias necesarias para crear sociedades sostenibles. No se trata de crear un ministerio de educación inclusiva, sino más bien de no discriminar a nadie, no rechazar a nadie, proceder a todas las adaptaciones razonables para atender a necesidades diversas y avanzar hacia la igualdad de género. Las intervenciones deben ser coherentes, desde la primera infancia hasta la edad adulta, para facilitar el aprendizaje a lo largo de toda la vida. Se debería adoptar por consiguiente una perspectiva inclusiva al preparar los planes del sector educativo. (p. 25).

2. Barreras culturales: la permanente actitud de clasificar y discriminar al alumnado

Esta barrera la entendemos como los posicionamientos conceptuales y actitudinales que impiden una educación sin exclusiones. Con ello nos referimos a la generalizada obsesión en la esfera psicoeducativa de asumir un modelo clínico deficitario, que condiciona las prácticas docentes. Desde este posicionamiento se establecen estándares que sustentan una actitud permanente por clasificar (etiquetaje) al alumnado, asumiendo dos tipos diferentes, uno que consideran "normal" y otro "especial", y a partir de ahí se subraya que este último requiere modos y estrategias diferentes en los procesos de enseñanza y aprendizaje, lo que conlleva a dictaminar diferentes modalidades educativas,[7] que se traducen en respuestas en centros específicos, aulas específicas, adaptaciones curriculares, salidas de clase en horario escolar para recibir apoyo con especialistas, o itinerarios diferentes como desdobles, Ciclos Formativos Específicos de Grado Básico (FPEB) u otras alternativas que separan al alumnado que no se ajusta a la cultura escolar establecida y que, lejos de responder equitativamente a la diversidad, generan discriminación y desigualdad.

Las herramientas por excelencia que suelen usarse para "catalogar" al alumnado suelen ser exámenes, pruebas estandarizadas o test. Los primeros tienen la intención de "medir, en realidad, la capacidad reproductiva, es decir, la capacidad memorística" (García y Olmeda, 2017, p. 165), y en los segundos se intenta medir la mayoría de las veces la inteligencia, los estilos de aprendizaje, las emociones, etc., a pcsar de las diversas investigaciones que indican que dichos diagnósticos y "evaluaciones" se hacen de manera poco fiable (Angulo, 2020; Stobart, 2010).

---

7 En España existen actualmente diferentes *modalidades de escolarización*: (A) Grupo Ordinario a tiempo completo; (B) Grupo ordinario con apoyo en periodos variables; (C) Aula específica en centro ordinario, y (D) Centro Específico de Educación Especial.

Estos test o pruebas, lejos de plantearse conocer a las personas, suelen configurar la identidad de unos sujetos desde las métricas establecidas por otros, condicionando las trayectorias educativas y de vida del alumnado, en ocasiones, como es el caso de la inteligencia,[8] y sus derivaciones en "necesidades educativas especiales", "necesidades especiales de apoyo educativo" y denominaciones de "trastornos", "deficiencia", "discapacidad" que más que una ayuda produce segregación y discriminación (López Melero, 2018; Ovejero, 2003; Shenk, 2011; Stobart, 2010); porque deriva en subrayar las deficiencias o los problemas, pero no en superarlas.

Es importante que recordemos que a lo largo de la historia ha habido una intencionalidad por clasificar a la especie humana por parte de los que sustentan el poder, en menos o más capaces, o menos o más inteligentes, estableciendo jerarquías piramidales que han sido el sustento de políticas sociales y educativas aplicadas a diferentes grupos humanos, muchas de ellas llegando al extremo de sustentar prácticas eugenistas (Gould, 1987).

Tradicionalmente se ha pensado que cada ser humano viene a este mundo predeterminado biológicamente (infradotado, dotado, superdotado). En este sentido se ha considerado la inteligencia como un atributo

---

8   Es relevante considerar que actualmente no existe ningún consenso sobre qué significa la inteligencia (Angulo, 2020); algunos estudios registran hasta 71 definiciones (Legg y Hutter, 2007, citado en Angulo, 2020).

o como una propiedad individual independiente del contexto de cada persona, cuando en realidad sabemos que los seres humanos venimos a este mundo de manera inacabada, nos acabamos a través de la educación y la cultura. La inteligencia, como la deficiencia, se construyen gracias a la cultura, o a la ausencia de la misma, y a la educación. El desarrollo de la inteligencia en los seres humanos no es cuestión de genes, sino de oportunidades y, de modo intencionado, se ha querido confundir inteligencia con Cociente de Inteligencia cuando el CI es una herramienta para clasificar y discriminar a la población, nunca para comprender al ser humano. La inteligencia no es una cosa, sino un proceso. (López Melero, 2019, p. 7).

Las personas estamos condicionadas genéticamente, pero no determinadas en nuestro desarrollo. Ha sido intencional la medición de la inteligencia como estrategia para clasificar y discriminar al ser humano, nunca para comprenderlo (Angulo, 2020; Gould, 1987; López Melero, 2011; Ovejero, 2003). Nadie nace con una cantidad de inteligencia. Lo que heredamos de nuestros progenitores es el germen de las capacidades, pero no las capacidades. Éstas se producen y desarrollan en las interacciones humanas, es decir, tienen un carácter social, cultural y contextual y no una cualidad innata e inamovible, sino que es gracias a la educación y la cultura que nos desarrollamos.

Relacionado con el concepto de inteligencia se encuentra también el concepto de diagnóstico. Tradicionalmente se ha considerado el diagnóstico como una "vara de medir" etiquetando a las personas diferentes como enfermos-retrasados-subnormales-deficientes, configurando una subcategoría humana, la minusvalía.

Hay que romper con el sistema educativo deficitario, que niega las diferencias como cualidad humana y las penaliza, con esa actitud "enfermiza" de clasificar y de establecer normas discriminatorias entre el alumnado (etiquetaje) que van degenerado la vida de infantes, adolescentes y jóvenes. Lo peor de todo esto no es pensar que se hereda o no la inteligencia, sino cuando alguien es capaz de deducir que por ello hay una clase inferior y otra superior y se organiza el mundo en función de esa clase hegemónica en detrimento de la restante.

Es decir, no solo se necesita conocer de dónde parte el alumnado (Nivel de desarrollo Actual), es imprescindible conocer lo que puede construir en cooperación (Nivel de Desarrollo Potencial) (Vygotsky,[9] 1973).

El desarrollo depende del devenir. Es algo que está por hacer; por tanto, depende de las oportunidades educativas, y si éstas son de calidad, el desarrollo será de calidad.

---

9   Al apellido *Vygotsky* del conocido psicólogo ruso Lev. Semenovich Vygotsky solemos encontrarlo escrito de diferentes maneras en las traducciones al castellano de su obra. En nuestro caso hemos respetado la forma literal de escritura según las referencias que hemos utilizado. En el caso de mencionar su persona, no a una obra en concreto utilizaremos *Vygotsky* por parecer la forma más extendida o que pudiera acercarse más a la traducción de la palabra originaria en ruso.

De ahí el carácter educativo y ético del diagnóstico. Por eso, el diagnóstico, al orientarnos sobre las capacidades cognitivas y culturales del alumnado, requiere que el profesorado cambie sus sistemas de enseñanza, y no que subraye sus incapacidades (López Melero, 2011, p. 44).

3. Barreras didácticas: condicionantes de los procesos de enseñanza y aprendizajes

Entre las barreras didácticas que están impidiendo una educación sin exclusiones encontramos: la competitividad, la manera reduccionista, segmentada y prestablecida de entender el currículum, la organización de los espacios y los tiempos desde la verticalidad y la individualidad, el papel del profesorado como figura de poder y técnico-racionalista, la concepción del alumnado como ente pasivo y las prácticas antidemocráticas en las instituciones educativas.

a) *La competitividad en la escuela: cuando el aula no es considerada una comunidad de convivencia y de aprendizajes*

Competitividad, según el diccionario de la Real Academia, tiene dos acepciones: (1) la capacidad de competir y (2) rivalidad para la concepción de un fin. Es decir, podríamos entenderlo cuando más de una persona intenta alcanzar el mismo fin, pero para lograrlo deben enfrentarse unas a otras para que solo una o unas pocas puedan alcanzarlo. Esta concepción, llevada a los procesos de enseñanza aprendizaje, implica que el alumnado únicamente puede alcanzar el "éxito" educativo cuando sus compañeras o compañeros no lo logran.

Entender la cultura escolar desde esta perspectiva darwinista de la competición condiciona cómo se van a organizar en el espacio –separadas en sus sillas o mesas–, cómo se construye el currículum o se "evalúa" siempre de manera individual y, condiciona también la forma de relacionarse o comunicarse, donde el silencio impuesto y "no reflexivo" del alumnado es un valor. No existe comunidad, existe separación, lo que favorece las exclusiones y desigualdades porque quien no es capaz de alcanzar en soledad el "éxito" o la meta que el sistema establece, fracasa.

En este sentido, solemos distinguir entre aprendizaje cooperativo, competitivo e individualista. Entendemos por aprendizaje cooperativo aquél cuyos objetivos se encuentran estrechamente vinculados, de tal manera que cada cual consigue sus objetivos sólo si los demás consiguen los suyos. Por aprendizaje competitivo entendemos que los objetivos también se encuentran vinculados, pero de tal manera que uno consigue sus objetivos en la medida que el resto no los consigue. Y, por último, el aprendizaje individualista se produce cuando no hay relación entre los objetivos y cada cual va a lo suyo.

Lo importante es que el alumnado comprenda que lo mejor que debe aprender es a compartir con los demás.

El grupo es tan importante para las personas que sin éste nuestro cerebro no se desarrolla como es debido. La sociabilidad es clave para nuestro desarrollo mental, de tal manera que cuando se educa de manera individualizada el desarrollo mental es muy diferente a cuando se hace de manera compartida. Por esta razón debemos dejar de entender la escuela como un espacio competitivo y pensarla y construirla como un espacio democrático. Es decir, reorganizarla de tal manera que todo el alumnado tenga las mismas oportunidades –o, mejor dicho, oportunidades equivalentes– de participar en la construcción del conocimiento basado en el aprendizaje dialógico, en el que el mundo de significados va a depender de la calidad de las interacciones que se produzcan en el aula y no de la competitividad.

b) *El currículum estructurado en disciplinas y en el libro de texto*

En el sistema educativo tradicional al currículum lo establecen las editoriales a través de los libros de texto, en convivencia con el dictamen del profesorado, que tiene un rol transmisor del conocimiento, siendo ambas fuentes las únicas poseedoras del saber. Cuando se trabaja el libro de texto, los docentes pierden su dignidad y su autonomía como docentes y se convierten en instrumentos del sistema establecido. Además, el currículum suele fragmentarse en asignaturas, rompiendo así con la manera sistémica de comprender la realidad que nos rodea; y para aquellas personas consideradas con "NEE" o "NEAE" se les reduce el currículum por considerarlas "incapaces" de acceder a la cultura que consume el resto del alumnado considerado "normal". Ese es el sustento de las Adaptaciones Curriculares, de los desdobles y del resto de salidas curriculares segregadoras, que a su vez generan desigualdades al privar a las personas de la oportunidad de construir la cultura escolar con el resto de compañeras y compañeros.

Frente a esta manera de entender el currículum, proponemos un currículum común, es decir, compartimos la necesidad de construir el conocimiento socialmente, desde la necesidad común del alumnado de dar respuesta a situaciones problemáticas de la vida cotidiana; por ejemplo, a través de proyectos de investigación como estrategia didáctica generadora de reflexión y acción (Stenhouse,1980; Lledó, 2018). Por tanto, saber el *qué* ha de aprender el alumnado, así como el *cómo* ha de realizarse ese aprendizaje es la base del currículum escolar, sin olvidar *el para qué* del mismo. En fin, lo mismo que hay un currículum para formar mentes conservadoras (el oficial y universal pensada en una ciudadanía con un pensamiento único), debemos construir un currículum progresista que contrarreste con dicho currículum conservador. Necesitamos un currículum que posibilite:

• que todo el alumnado aprenda a hacer un análisis crítico de la realidad presente e histórica y sepa discernir la verdad de la mentira y los procesos de deshumanización;

- construir herramientas mentales para aprender a tener una vida autónoma y aprender a vivir la vida;
- la transformación de la realidad y la justicia social;
- desarrollar actitudes y valores para lograr las transformaciones eco-sociales y ecofeministas.

En este sentido, el currículum no puede ser un proyecto selectivo de cultura, pensado y estructurado por agentes externos, tampoco un canon inamovible, sino que el contenido curricular ha de ser algo vivo/dinámico que se ha de ir construyendo a partir de las necesidades contextuales y personales del propio alumnado, de sus saberes, culturas, valores y modos de vida (identidad, subjetividad), que permita la formación de personas librepensadoras (libertad de pensamiento: capacidad de discernimiento). La pedagogía crítica nos recuerda que el currículum se construye desde la sabiduría, cultura, valores y estilos de vida de nuestros estudiantes y no de los libros de texto impuestos por la cultura dominante. Es decir, es una relación dialéctica entre la teoría y la práctica (Freire, 1970, 1990; Giroux, 1990; McLaren y Kincheloe, 2008; Darder, 2020).

c) *La organización espacio-temporal vertical*

En una escuela tradicional hay una ruptura de las posibles construcciones interpersonales al ubicar al alumnado individualmente en el espacio, donde interactuar con la compañera o compañero está penalizado, y se impide el compartir y el ayudarse. Además, como el alumnado se sienta, o suele sentarse, frente al profesorado, se está dejando clara su subordinación a la figura docente, que encarna el poder en los procesos de enseñanza aprendizaje (verticalismo profesorado-alumnado).

Para evitar situaciones de exclusión, no solo se necesitan cambiar los espacios que permitan los accesos de todas las personas; también se hace necesaria una organización cooperativa "donde el alumnado deje de ser un consumidor de conocimientos individualmente, y se convierta en un cocreador y amante de la cultura compartida con el profesorado y con sus iguales" (López Melero, 2011, p. 46). Las asambleas y los grupos heterogéneos son estrategias didácticas para aprender cooperando, y ello implica una ruptura con la consideración del espacio escolar tradicional para convertir el aula en unidad de apoyo. Se trata de enseñar y de aprender conjuntamente un proceso lógico de pensamiento, siendo el trabajo de clase, las estrategias metodológicas y la cultura escolar un pretexto necesario, pero no un fin en sí mismo.

Otra consideración en la organización escolar es la marcada por los tiempos, sujetos o anclados a un modelo educativo tradicional establecido por las asignaturas, y una vez más condicionado por los libros de texto que delimitan los contenidos a impartir por trimestre o curso escolar y que, a su vez, se encuentran regulados por las normativas legislativas. Esta manera de organizar los tiempos implica un encorsetamiento de aquello que debe aprenderse y cuándo debe aprenderse, por encima de las necesidades e intereses del común de alumnado. El alumnado que no responda a los tiempos establecidos es considerado, en muchas ocasiones, incapaz de aprender, por lo que puede ir quedando "rezagado" y, en consecuencia, corre el riesgo de ser excluido. Como ruptura a esta organización temporal proponemos una manera de organizar el currículum común a través de estrategias interdisciplinares que resuelvan situaciones de la vida cotidiana, por ejemplo, los proyectos de investigación.[10]

d) El profesorado como figura de poder y técnico-racionalista

El docente en el sistema tradicional es el centro de los procesos de enseñanza-aprendizaje y suele desempeñar tres funciones: ejercer como catalizador o transmisor del material de aprendizaje, calificar el progreso y los logros de los estudiantes y actuar como única fuente de conocimiento y formación (Kozulin, 2001). En el sistema democrático su papel es muy distinto: primero debe saber trabajar/educar en aulas muy heterogéneas (etnia, género, hándicap, religión, procedencia, plurilingüismo, etc.); por

---

10 Sobre proyectos de investigación véase: Dewey (2004), Kilpatrick (1918), López Melero (2004) y Resa Pascual (1935).

tanto, ya no puede pensar en un individuo "medio", sino en la heterogeneidad del alumnado que se encontrará en el aula, por lo que tendrá que ampliar sus capacidades profesionales cooperativas y flexibilizar sus estrategias metodológicas para darle respuesta a la complejidad del contexto del aula. Ya no vale solamente el libro de texto y la explicación verbal y al unísono (*i.e.* el método recitativo), sino otras modalidades de trabajo mucho más participativas: el método de proyectos, talleres, grupos de trabajo cooperativo, etc., donde el conocimiento se intenta construir de manera cooperativa.

El profesorado en el modelo tradicional es concebido como mero aplicador de técnicas y procedimientos (racionalista y técnico) diseñadas por "los de arriba". Es un profesorado burocratizado que en muchos casos se siente obligado a desarrollar unas prácticas concretas, que perpetúan o condicionan la exclusión del alumnado, quizás en muchas ocasiones sin ser consciente de ello. Es la figura destinada a ejercer el control "debe dedicarse a la instrucción, dejando la educación para la familia y principalmente para la iglesia" (Martín-Sánchez, 2022, p. 35). Muchas veces, estamos ante la presencia de un profesorado caracterizado por "la falta de formación (incluso su rechazo consciente), la aceptación de las rutinas heredadas o la necesidad de mantener una posición de poder que haga más cómodo el desarrollo del quehacer diario" (García y Olmeda, 2017, p. 208-209). Todo lo contrario de lo que necesita una escuela sin exclusiones, donde se requiere que el profesorado sea un profesional continuamente en formación desde la praxis, investigador, que comparta y coopere con otros docentes, con el alumnado y con las familias con la intención de buscar soluciones conjuntas a la complejidad de las aulas.

En una educación sin exclusiones, el profesorado debe entender la cultura de la diversidad como permanente oportunidad de renovación pedagógica y como desarrollo profesional; y para ello debe asumir diferentes rupturas:

El papel del docente tiene que dejar de ser el de un mero transmisor de conocimientos pasados que debe aprender de memoria el alumnado, y se ha de dedicar a enseñar cómo se construye el conocimiento que aún no existe, dejando de ser un profesional como mero aplicador de técnicas y procedimientos (racionalista y técnico), convirtiéndose en un curioso investigador que sabe abrir espacios para que el aula se convierta en un lugar de aprendizaje compartido y autónomo, evitando ser un instrumento instrumentalizado del sistema, desarrollando su autonomía y su libertad como docente comprometido para el cambio y transformación social, es decir como un profesional emancipado que le permita mejorar su práctica a través de la reflexión compartida con otros colegas. (Kemmis y McTaggart, 1988).

e) El alumnado como un Ser pasivo

Sabemos muy bien que el alumnado, como sujeto biológico y psicológico, viene al mundo con todos sus sistemas para aprender; dicho aprendizaje está mediatizado por condiciones socioculturales y políticas. Este deseo de saber se canaliza de manera muy diferente en las instituciones educativas. En el sistema educativo tradicional el docente "deposita" conocimientos o información en el alumnado, que debe absorber de manera pasiva y que

> adopta una posición sumisa, poco o nada reflexiva, sin pensamiento crítico y bajo la supervisión y absoluta autoridad (mal entendida) del profesorado. Así se cumple perfectamente con el diseño industrial de escuela: los niños acuden en masa a la escuela, que homogeniza e iguala (pero no es equitativa), jerarquiza, separa, segrega, controla y prepara a los individuos para el futuro trabajo bajo la sumisión del jefe. (Martín-Sánchez, 2022, p. 36).

En un sistema democrático la posición del discente en el aprendizaje escolar es otra. El discente no es un objeto, es un ser vivo, que se construye y reconstruye con la ayuda de los demás. Lo que el niño o la niña puede hacer hoy con la ayuda de los demás, más tarde lo podrá hacer solo o sola (Vygotsky, 1973). Esto se logrará mediante las interacciones cooperativas, donde el individuo, a través de la mediación cultural, interactúa tanto con los adultos como con sus pares. Este proceso de mediación produce en ellos los instrumentos simbólicos necesarios (apropiación) para el aprendizaje autónomo. De esta forma, el alumnado aprende de una manera activa explorando, indagando, investigando, seleccionando y transformando el material de aprendizaje, convirtiéndose en coautor en la construcción del conocimiento con el profesorado (Kozulin, 2001). Si los niños –y los jóvenes– no comprenden que van a la escuela a construir el conocimiento con los demás, se convertirán en sujetos pasivos que no se interrogarán nada sobre su mundo, y ni siquiera pretenderán hacer de éste un lugar mejor para vivir. La escuela pública, por tanto, es el contexto en el cual los niños, las niñas, los niñes, y también los jóvenes, aprenden a razonar de manera autónoma y crítica. Aprenden a argumentar, debatir y dialogar; aprenden a tomar decisiones por sí mismos y aprenden a desarrollar sus propias ideas y pensamientos, libres de presiones del profesorado.

f) El equívoco de la evaluación como herramienta de poder para el apartheid educativo

Hoy en día nos encontramos con la confusión, a pesar de las diferentes aclaraciones en el ámbito educativo (Álvarez Méndez, 2010, 2014, 2015; García y Olmeda, 2017; López Melero, 2018; Stake, 2004; Stobart, 2010), de referirnos a lo mismo ante la calificación y la evaluación, no solo en las normativas o leyes que rigen las políticas educativas como hemos reflejado con anterioridad en este apartado, sino también es habitual que el profesorado entienda ambos términos de manera análoga en los diferentes niveles educativos, desde infantil hasta la universidad, incluso en las facultades de educación. Partiendo de este equívoco, se construyen los sistemas evaluativos que se caracterizan por clasificar o establecer rankings de alumnado, profesorado, proyectos, centros o sistemas educativos por zona, ciudad, región o país a través de exámenes o pruebas estandarizadas que constituyen a su vez las herramientas emblemáticas de la exclusión.

La premisa de entender la evaluación como calificación en los centros educativos es un lastre en el alumnado que tiene que "demostrar su rendimiento académico", por lo que su fin es la calificación y deja de ser la construcción compartida del conocimiento y la convivencia en el aula. La calificación no tiene sentido pedagógico. La aplicación de las herramientas que persiguen obsesivamente medir el aprendizaje individual al final de un proceso lleva a soluciones erróneas o a que no se produzcan transformaciones para la mejora porque no se parte de un desarrollo continuo de valoración profunda y consciente por parte de los protagonistas de los procesos de enseñanza y aprendizaje. En cualquier caso, se pone la mirada en el foco equivocado, es decir, en el alumnado y no en los sistemas; de aquí que se vea el *fracaso* "…en la persona y no como un problema institucional y social.

De hecho, no es un problema, porque en un modelo tradicional se estima que los fracasados son necesarios: la sociedad capitalista necesita sus triunfadores y fracasados…" (García y Olmeda, 2017, p. 162). En este sentido, se justifica que quien abandona o fracasa en el sistema educativo tiene "NEE" o "NEAE", u otra condición que le dificulta el aprendizaje, o no se ha esforzado lo suficiente para aprender, en esa obsesión por llegar a la meta a la que nos referíamos anteriormente, y no a que el sistema educativo tienda a jerarquizar e ir colocando a cada uno en la posición social que se le asigna (García y Olmeda, 2017).

A ello le agregamos que la calificación suele tener un carácter utilitario, fundamentalmente para acceder a enseñanzas no obligatorias e incluso a puestos de trabajo en algunos casos. Por tanto, aquella persona que "fracasa" o abandona el sistema educativo pasará a engrosar las filas de lo más bajo de la pirámide social porque no tendrá nada que aportar a la sociedad del mercado.

Pero no solo el alumnado vive la presión de la evaluación entendida como calificación; también la sufre el profesorado, los centros y los sistemas educativos. Nadie quiere ser "evaluado" por el temor, a que esta "evaluación" se convierta en una herramienta de control y de sumisión ante el poder institucional (García y Olmeda, 2017), ya sea del Estado o instituciones internacionales con intereses económicos, como es el caso de la Organización para la Cooperación y el Desarrollo Económico (OCDE), que cada tres años presenta el Informe PISA. Los resultados de estas pruebas condicionan las políticas educativas, no solo de los países que forman parte de la OCDE, con su consecuencia en aquello que debe enseñarse, cómo debe enseñarse y evaluarse, cómo organizar los sistemas educativos y los centros, "teniendo en cuenta criterios y mecanismos de mercado, para incrementar la eficiencia" (Angulo y Bernal, 2022, p. 54), distorsionando así el sentido de la educación.

Entender la evaluación como herramienta de control jerárquico que establece relaciones verticales y perpetúa la posición de sumisión de quien es evaluado, atenta contra la esencia democrática que debe distinguirla. Las "evaluaciones" de los centros educativos suelen ser externas, ajenas a la cultura del centro, donde no participa la comunidad educativa, es decir, familias, profesorado, alumnado, personal técnico, de gestión, de administración y servicio o los diferentes agentes locales o de barrio. Y la evaluación de los procesos de enseñanza y aprendizaje, no es tal cual, porque solo está dirigida al alumnado y es el profesorado quien "evalúa" condicionado, a su vez, por las instituciones externas (gobiernos estatales o locales, organizaciones internacionales o empresas que desarrollan los libros de texto) y, además, aplicando criterios de clasificación que generan el "fracaso" o "éxito" del alumnado. Toda una cadena bien engranada que lleva a la toma de "medidas" excluyentes, como las adaptaciones curriculares, apoyo fuera de clase o incluso la propuesta de modalidad de escolarización que privará y apartará al alumnado de la educación general.

Con todo lo anterior podemos percibir claramente el verdadero sentido de la evaluación entendida como calificación, por lo que concluimos categóricamente que ésta constituye un verdadero obstáculo en la construcción de una educación pública sin exclusiones.

g) *La ausencia de democracia en la escuela*

Existe un proverbio de los indígenas australianos que dice: *para educar a un niño es necesario toda la tribu.* Esta corresponsabilidad educativa, además de ser un motivo ejemplar de convivencia para el alumnado, es un encuentro entre toda la comunidad educativa, donde unos van a aprender de los otros y todos a comprender y valorar el papel que a cada cual le corresponde en la educación para la construcción de una sociedad culta, solidaria, cooperativa, respetuosa con la diversidad, acogedora, justa, pacífica y democrática. Necesitamos hacer realidad escuelas democráticas e inclusivas que eduquen para una ciudadanía mundial intercultural comprometida con una visión antirracista, ecofeminista, anticapitalista y defensora de la laicidad y de la libertad de conciencia, alternativa a la cultura patriarcal. Sólo así conseguiremos erradicar las clases sociales que impiden la construcción de la democracia. La democracia no puede ser una entelequia para camuflar la ideología, sino un instrumento para construir un mundo mejor. La conciencia de vivir por los demás y el sentido de la inclusión es el verdadero sentido de la democracia (Connell, 1999; Apple y Beane, 2005; Nussbaum, 2010).

Sin embargo, en una escuela tradicional la participación por parte de toda la comunidad educativa en la cultura escolar es prácticamente inexistente. El docente es la autoridad y la ejerce como tal, y como hemos descrito antes, se vive en la competitividad y el individualismo como valores esenciales de la escuela de corte neoliberal. Es un sistema educativo diseñado desde "arriba", no hay horizontalidad incluso en los diseños de las políticas educativas. Los mecanismos de participación y reconocimiento vienen ya estrictamente regulados por las autoridades correspondientes (García y Olmeda, 2017) y la toma de decisiones recae en la figura del director o directora del centro, aunque se intente guardar las apariencias con sistemas de votación que imitan los órganos de gobiernos del estado.

Cuando una escuela toma conciencia de este hecho y abre espacios a la participación, se define por un modelo de educación para la convivencia democrática y para la mejora de la calidad educativa. Hablamos de convivir democráticamente desde la participación y el respeto mutuo a las distintas responsabilidades que han de desempeñar las familias y el profesorado para entenderse y buscar soluciones conjuntas en la noble tarea de la educación de sus hijas e hijos para, entre ambos, formar una ciudadanía culta, demócrata, justa y libre. Es importante agregar, que cuando hablamos de escuela pública, es decir, de una escuela sin exclusiones, no intentamos educar "para" la democracia, ni para la libertad, ni para la justicia, sino de educar "en" la democracia, en la libertad y en la justicia. No se trata de enseñar lo que es la democracia y la participación, sino de vivir democráticamente desde la diversidad, con la participación de todas las personas (Maturana, 1994).

h) *La formación inicial de profesorado como cómplice de la reproducción de modelos educativos segregadores y excluyentes*

La formación inicial del profesorado, tal como está conformada actualmente, es también una barrera en la construcción de una escuela sin exclusiones. En primer lugar, al hablar de educación universitaria pública deberíamos plantearnos si el acceso a ella está siendo realmente equitativo, tanto del alumnado como del profesorado. Esto se debe a la negación de las oportunidades de acceso condicionadas por las mismas barreras que antes hemos descrito: *políticas*, porque en los sistemas educativos actuales no todas las personas tienen derecho a la educación; *culturales*, porque el capital cultural que se sustenta en el déficit es también generador de éste, y *didácticas,* porque cuando la competitividad es la forma de relacionarnos, el currículum es una herramienta de poder y el profesorado la figura que lo ejerce, la organización espacio temporal es vertical, y las aulas no son democráticas, el acceso a la universidad solo estará reservado a una minoría privilegiada.

Otra consideración que debemos tener en cuenta es la implantación de itinerarios diferentes en la formación inicial del profesorado, en Educación "General" y "Educación Especial", las menciones o especializaciones de grado y posgrado o incluso algunos de estos recorridos formativos que aparecen con nominaciones que encubren su verdadera intención, todas centradas en el déficit.[11] Ello constituye otro impedimento para construir una escuela sin exclusiones, legitimando una formación de profesorado para un tipo de escuela u otro, la del alumnado que no es capaz de aprender y la de los que sí. Es por todo ello que quizás sea necesario repensar una universidad, y concretamente una formación del profesorado más diversa, más justa y equitativa.

---

11 En las universidades españolas podemos encontrar diferentes menciones en el grado de Educación Primaria al que el alumnado puede acceder de forma optativa; una de ellas es la asociada a la "Educación Especial" y que podemos encontrar con diferentes nominaciones como: *Pedagogía Terapéutica, Educación Especial* o con alusiones a la inclusión y la diversidad en las titulaciones. Todas suelen tener en común un currículum deficitario, asociado a la diversidad como un problema, lo que legitima a un profesorado específico para el alumnado diagnosticado con "NEE" o "NEAE".

Nos encontramos todavía con modelos de formación del profesorado basados en las "tradiciones", con un currículum muy estructurado, donde el profesorado expone teorías, muchas veces dogmáticas y desconectadas de la realidad escolar y social, que posteriormente el alumnado debe memorizar. Modelo que el alumnado reproducirá en sus clases en un futuro como docente, perpetuando de esta manera un formato tradicional –recitativo– de escuela.

Por último, nos encontramos con otra dificultad: la división de las competencias institucionales de la formación inicial y permanente. La primera suele estar a cargo de las instituciones educativas superiores y la segunda de los propios centros o las administraciones educativas, estableciéndose un distanciamiento entre unas y otras, cuando debería haber un espacio común de cooperación entre los centros de formación superior de profesorado y los centros educativos no universitarios donde se comparta formación, investigaciones y prácticas docentes innovadoras desde un principio común: la defensa de una educación pública, sin exclusiones.

Capítulo 3
Una nueva escuela pública como espacio de resistencia frente a las exclusiones y las injusticias sociales

Podríamos empezar preguntándonos ¿qué tipo de escuela queremos? En nuestro caso, nuestra concepción de escuela sin exclusiones está profundamente influenciada por el enfoque histórico-cultural, especialmente a través de la obra de Vygotski, quien nos permitió redefinir el sentido y significado de la educación inclusiva. Concretamente, nos inspiramos en este pasaje de su obra:

> Imaginemos que, en algún país, gracias a las condiciones especiales, los niños con defecto[12] representen un valor excepcional y que les haya correspondido cumplir cierta misión especial o un papel social. Es difícil imaginar esto, pero es totalmente posible: en cierta ocasión el ciego pareció nacido para ser juez, sabio, profeta. Imaginemos que la ceguera fuera necesaria para algo útil en el aspecto social. Está claro que entonces la ceguera equivaldría a tener un destino social totalmente distinto para el hombre y el defecto se convertiría en un mérito. En la medida que es correcta la

---

12 Téngase en consideración que el término "defecto" aparece traducido en la cita literal de referencia.

idea de que para el propio ciego la ceguera no constituye un defecto, nosotros debemos aceptar que en ese país la ceguera (o la sordera…) nunca podrá llegar a ser un defecto y el niño ciego, una persona con defecto. Por consiguiente "la deficiencia", ya es una valoración social de la ceguera y de la sordera. La época de semejantes países imaginarios en el razonamiento científico hace tiempo que pasó y esos ejemplos han perdido la fuerza de su carácter demostrativo. Desde luego este tipo de país no existe en ninguna parte, es una construcción puramente ilógica. Pero consideramos posible utilizar en la conclusión este razonamiento porque nuestra tarea no es introducir y confirmar esta idea, sino aclarar hasta el final la idea fundamental de este artículo: la ceguera y la sordera pueden no constituir una deficiencia. Si creáramos un país donde el ciego y el sordo encontraran un lugar en la vida, donde la ceguera no equivaliera indispensablemente a una insuficiencia, allí la ceguera no sería una deficiencia. La pedagogía social está llamada a realizar esta idea de la psicología defectológica. Vencer la deficiencia es la idea fundamental. Con el ejemplo citado quisimos demostrar que esta afirmación no es una paradoja, sino una idea totalmente transparente y clara hasta el mismo fondo. (Vygotski, 1989, p. 72).

Esta visión utópica del mundo ha guiado tanto nuestras vidas profesionales como personales. Nos preguntamos ¿no sería posible un mundo como el que describe Vygotski? Nuestra respuesta es sí, y creemos que la escuela pública[13] debe ser el modelo de una educación eco-social e inclusiva que haga realidad esta visión. Porque la escuela pública o es inclusiva o no es escuela pública. Hablar de escuela pública lleva implícita la educación de todas las personas sin distinciones, lo cual implica asumir una postura de justicia social en educación, de valoración de las diferencias y de equidad.

Recordemos que la finalidad primera de la escuela pública es que todas las niñas, niños, niñes, adolescentes y jóvenes, *aprendan a pensar y aprendan a convivir en la diferencia*. La escuela pública debe sustentarse en los *Derechos Humanos* y en los *Derechos de la Infancia*, apostando por el reconocimiento, la participación y el aprendizaje conjunto de todo el alumnado, desde el respeto de las diferencias, entendidas como cualidad humana (género, cultura, etnia, religión, procedencia, cognición, sensorial, movilidad, del desarrollo, etc.). Cabría preguntarse entonces ¿cuáles son las condiciones que debe reunir una educación sin exclusiones? ¿cuál es la cultura que debe construir el alumnado? ¿cómo ha de construirse

---

13 Cuando hablamos de escuela pública, nos referimos a la institución donde todas las niñas, niños, niñes, adolescentes y jóvenes, reciben una educación pública, que combate la desigualdad, respeta y socializa las diferencias humanas y fomenta el pensamiento crítico, concibiendo ésta desde la educación infantil hasta la universidad, con todas las matizaciones que se quieran dar, pero sabiendo que en todos esos niveles educativos la libertad y la igualdad/equidad deben ser los principios por excelencia para unas buenas prácticas inclusivas.

ésta didácticamente? La educación pública debe sustentarse en unos principios y estrategias de acción coherentes con un modelo educativo equitativo y de calidad que responda a estas cuestiones.

Las reformas educativas que se están llevando a cabo en los países con democracias neoliberales no son suficientes para la construcción de una escuela sin exclusiones. Se requieren transformaciones profundas en nuestras instituciones educativas si queremos que contribuyan a garantizar la equidad y la justicia social. La educación pública tiene una función social de gran relevancia: educar ciudadanas y ciudadanos con la capacidad de pensar y convivir en una sociedad plural y libre, es decir, librepensadores que no discriminen a ningún colectivo por sus cualidades humanas. Como nos recuerda la UNESCO (2008): "la educación inclusiva no es una cuestión marginal, sino que es crucial para lograr una educación de calidad para todos los educandos y para el desarrollo de sociedades más inclusivas" (p. 5).

La idea de una educación común para todas y todos sintetiza lo que entendemos por educación pública. Una educación en la que la humanización, la democracia y la emancipación sean sus pilares fundamentales que, desde nuestro punto de vista como miembros de la *Red de Profesorado del Proyecto Roma*[14], sustenten la construcción

---

14 El Proyecto Roma, como experiencia de educación en valores, es un modelo de desarrollo humano y surge con una doble finalidad: por

de una escuela sin exclusiones, donde la confianza en las capacidades cognitivas y culturales de todas las personas y de los colectivos minoritarios aviva nuestro deseo e interés en aportar reflexiones y acciones orientadas a la construcción de una nueva educación que humanice al mundo deshumanizado en el que nos encontramos. Un "mundo" que nos arrastra irremisiblemente a pensar que *'las cosas son como son y nada se puede hacer al respecto'* (pensamiento neoliberal fatalista), que sugiere que las injusticias sociales son inevitables (Brown, 2020), y que nos puede arrastrar a entender, de la misma manera, que los procesos de exclusión también lo son. Frente a esto la educación inclusiva como derecho de todas las

---

un lado, pretende aportar ideas y reflexiones sobre la construcción de una nueva teoría de la inteligencia, a través del desarrollo de procesos cognitivos y meta-cognitivos, lingüísticos, afectivos y de movimiento (autonomía física, personal, social y moral) en el ser humano y, por otro, como modelo educativo, su finalidad básica y fundamental se centra en mejorar los contextos familiares, escolares y sociales, desde el respeto a las diferencias humanas como valor y derecho, desde la construcción del conocimiento de manera social, el trabajo cooperativo y solidario, y la construcción de la democracia en las aulas (Comunidad de convivencia y aprendizajes). El Proyecto Roma no es sólo un conjunto de teorías, principios, estrategias y prácticas en distintos niveles educativos, sino que somos un conjunto de personas comprometidas con lo público que hemos constituido una comunidad crítica, de indagación, convivencia y aprendizajes, desde culturas muy diferentes, lo que nos permite mirar desde una perspectiva común. El sentido de lo común como base de la democracia (López Melero, 2018). Para más información sobre el Proyecto Roma consultar las referencias relacionadas que se aportan al final de este libro.

personas a una educación equitativa y de calidad, representa una alternativa a los procesos de exclusión y a las corrientes integradoras.

Necesitamos hacer realidad escuelas democráticas e inclusivas que eduquen para una ciudadanía mundial intercultural, comprometida con una visión antirracista y ecofeminista, alternativa a la cultura patriarcal. Sólo así conseguiremos erradicar la división en clases sociales desiguales que impiden la construcción de una democracia real. En un momento de crisis y reconfiguración del orden mundial, el problema es saber elegir el camino correcto: seguir en el modelo desenfrenado del neoliberalismo (desarrollo económico) o el de la bondad y generosidad de la humanidad (desarrollo humano). Por eso, debemos abogar por una actitud ética comprometida eco-socialmente, con especial énfasis en una ética del afecto y del cuidado (Angulo Rasco, 2021). Para construir esta escuela sin exclusiones, proponemos los siguientes principios de acción (López Melero, 2004, 2010, 2018).

1. Principios de acción para construir una escuela sin exclusiones

1° Principio:
Todas las Personas son Competentes para Aprender (Principio de Confianza)

Los seres humanos nacemos con una predisposición para aprender, que se manifiesta en nuestra capacidad para explorar y construir conocimientos de manera significativa a lo largo de nuestra vida. En este sentido, aprendemos de forma relevante cuando construimos significados que resuenan con nuestros intereses y propósitos vitales, así como con nuestras relaciones sociales (Darling-Hammond, 2001). En el contexto de la escuela pública, el objetivo primordial es educar a todo el alumnado sin distinción, partiendo del *principio de confianza* en las posibilidades cognitivas y culturales de cada niña y niño. Esta confianza, junto con el respeto a la diversidad dentro del aula, fundamenta la justicia redistributiva, de reconocimiento y de representación (Fraser y Honneth, 2006; Fraser, 2008; Fraser y Butler, 2017), como pilares esenciales para el éxito de una escuela inclusiva.

La escuela pública acoge niñas, niños y niñes, cada uno con sus peculiaridades cognitivas, lingüísticas, afectivas y motoras. No se trata de personas deficitarias, sino personas plenas, procedentes de contextos familiares y sociales determinados que deben ser considerados en su educación. Hablamos de sujetos sociales únicos e irrepetibles, con nombres y apellidos, no del sujeto psicológico normalizado. Es decir, seres humanos singulares que piensan, se comunican, sienten/aman y actúan, quienes viven y aprenden insertos en contextos familiares, escolares y sociales, con sus culturas, valores y estilos de vida, que influyen en su desarrollo (Bronfenbrenner, 1979).

El alumnado no es homogéneo; cada discente tiene sus peculiaridades, y algunos pueden encontrar dificultades para aprender por diferentes causas. Por eso, la importancia de identificar las causas subyacentes de estas dificultades, que a menudo están relacionadas con aspectos emocionales y afectivos, sociales y culturales, más que biológicos. La intervención adecuada y el apoyo social pueden ser determinantes en superar estas barreras. Un ejemplo emblemático es el de Helen Keller,[15] cuya extraordinaria evolución cognitiva y cultural fue facilitada por la intervención de Anne Sullivan, demostrando cómo el entorno, la confianza y las ayudas necesarias pueden transformar significativamente el desarrollo de una persona (Keller, 2024).

---

15 Helen Keller nace en 1880 en Tuscumbia, Estados Unidos. Cuando contaba con solo dos años pierde la vista y la audición a causa de una enfermedad. Sin embargo, gracias a la educación recibida superó todos los obstáculos que pudieron presentársele; vivió hasta 1968 convirtiéndose en escritora y conferencista. Entre sus libros destaca *La Historia de mi vida* (*The Story of my life*) escrita en 1903.

Por otra parte, en los últimos veinticinco años, nuestra compresión del funcionamiento del cerebro ha avanzado de forma exponencial; sabemos más del cerebro en los últimos años que en los dos mil años anteriores. En este desarrollo destaca la creciente importancia de las neurociencias en educación; sería ingenuo no considerarla en la búsqueda de estrategias pedagógicas que permitan al alumnado responder a las situaciones problemáticas que se les presentan en la vida cotidiana. En este sentido, sabemos que cuando el aprendizaje está motivado por un deseo genuino, se producen procesos cognitivos, mediados emocionalmente, que facilitan la adquisición del conocimiento (Immordino-Yang, Darling-Hammond y Krone, 2019). No existe educación sin emoción, ni condiciones favorables para aprender sin confianza en las posibilidades del alumnado.

2° Principio:
Grupos heterogéneos y aprendizaje cooperativo y solidario

Lejos de pensar que sobrevive el ser humano más apto para competir, muchos son los estudios que nos muestran que el ser humano evoluciona y sobrevive gracias a la cooperación, y que en nuestro planeta existe una interrelación entre todos los organismos vivos, y que esa interrelación es necesaria para la vida (Sandin, 2021). Desde la psicopedagogía, Vygotski (2000) nos muestra que las funciones psicológicas superiores se desarrollan primero en un plano interpersonal, desde la mediación cultural, y luego en un plano intrapersonal. Desde la psicología evolutiva, Tomasello (2010) nos muestra cómo la cooperación es el origen de nuestra organización cultural actual. Desde la paleoantropología, Arsuaga y Martínez (2001) argumentan la importancia de la cooperación en la evolución de la especie humana, cómo agruparnos y cooperar nos permitió no solo sobrevivir, sino que fue determinante en la configuración de las estructuras sociales complejas, de las sociedades colectivas. Desde la biología, Maturana (1994) expresa que la cooperación y las relaciones sociales son fundamentales para el desarrollo de la especie humana. Desde las diferentes áreas del conocimiento[16] podemos afirmar que la cooperación nos humaniza, e incluso es una herramienta de resistencia al neoliberalismo y garante de la vida. Podríamos entender entonces que la cooperación, al contrario de la competición, es un valor de la educación humana.

En los centros educativos públicos el alumnado aprende a pensar de manera crítica y autónoma, a trabajar cooperativamente, ayudándose a utilizar lo novedoso para resolver situaciones problemáticas de la vida cotidiana.

---

16 Varios son los referentes que podemos encontrar que muestren la relevancia de la cooperación en el desarrollo de la especie humana desde el ámbito biológico, psicológico, social y educativo, algunos ya se citan en este apartado y otros que podemos aportar son: Gilligan y Richard (2009), Goodlla (1986), Kropotkin (1902), Margulis (2003).

Además, aprenden a dialogar y a escucharse, a convivir y a respetar sus diferencias. El aprendizaje requiere observación, atención, memorización, comprensión, reflexión y asunción de la responsabilidad del propio aprendizaje. Estas actividades cognitivas son imposibles sin la participación del alumnado.

El profesorado, y las familias, deberán ayudar al discente a fomentar un pensamiento crítico y orientar sus deseos e intereses hacia la construcción del conocimiento relevante. La curiosidad, junto a los intereses y conocimientos previos del alumnado, son el origen del aprendizaje. Por eso, la importancia de enseñarles a descubrir el porqué de las cosas, los fenómenos y los hechos, y a construir un diálogo común con voces diferentes; y en este contraste de puntos de vista la cooperación se hace posible, entendiéndola como la puesta en común de pretensiones, procedimientos, resultados y evaluaciones, que promueven el desarrollo de sentimientos y emociones de solidaridad, en contraste con el individualismo competitivo (Tomasello, 2010).

En el ámbito cducativo, la cooperación hace del aprendizaje una tarea común, en la que el saber es compartido y utilizado en beneficio de todas y de todos. Un clima de relaciones cooperativas genera un ambiente en el que se respetan las diferencias y la complementariedad de los sujetos. La cooperación está estrechamente relacionada con la gestión democrática del grupo y la asunción colectiva de responsabilidades. En este sentido, solemos distinguir entre *trabajar en grupo* y *trabajar agrupados*. También solemos diferenciar entre *aprendizaje colaborativo* y *aprendizaje cooperativo*. El primero es aquel que ocurre cuando alguien pide ayuda a otra para terminar una tarea o para recibir una explicación ("¿me puedes ayudar, por favor?"). Sin embargo, el aprendizaje cooperativo es aquél que se realiza siempre en conjunto; no se pide ayuda, sino que los procesos, como las finalidades, son compartidas ("sin ti no me es posible"). Ovejero (2018), prefiere asumir *cooperación* y cita a O'Donell (1999), quien entiende la cooperación desde una dimensión más cualitativa al añadir, al trabajo en común, la solidaridad. Cuando se trabaja en grupo de manera cooperativa, todos los miembros analizan y reflexionan sobre una misma situación problemática y buscan conjuntamente la mejor solución posible a la situación planteada.

Precisamente, en esto consiste el *aprendizaje cooperativo*: el proceso en el que cada miembro del grupo consigue lo que pretende con la ayuda de los demás, y viceversa. Es una forma de construir el conocimiento trabajando todas las personas juntas, a través de la formación de grupos heterogéneos cuyos componentes son interdependientes y comparten espacio, pretensiones comunes, materiales de aprendizaje y responsabilidades (Johnson, Johnson y Holubec, 1999; Johnson y Johnson, 2014; Ovejero, 2018; Slavin, 1999). Este tipo de aprendizaje genera valores como la libertad, el respeto, la solidaridad y la generosidad. La cooperación es sentida por el grupo como algo imprescindible para resolver las situaciones problemáticas que surjan, convirtiendo cada aula en una *comunidad de convivencia y aprendizajes*.

En este contexto, se puede hablar de solidaridad en el alumnado. La solidaridad consiste en hacer causa común con otras personas, empatizando y asumiendo la situación de la otra y/o del otro. En este reconocimiento radica el descubrimiento del "yo" social y el sentido de pertenencia a una comunidad afectiva (Lynch, Baker y Lyons, 2014), nos hacemos más humanos, y nos hacemos mejores personas gracias a la cooperación.

3° Principio:
Construcción del aula como comunidad de convivencia y aprendizajes

La construcción de un aula como comunidad de convivencia y aprendizajes se logra mediante el intercambio de significados, comportamientos, recuerdos, experiencias, sentimientos, emociones, normas y valores. Este proceso configura un espacio cultural y organizativo donde profesorado y alumnado comparten pretensiones comunes y desean respetarse y apoyarse mutuamente. Este tipo de comunidad solo es posible si las niñas, niños, niñes y jóvenes tienen la oportunidad de intercambiar sus experiencias personales y puntos de vista diferentes mediante el diálogo, realizar tareas cooperativamente, consensuar normas de convivencia democrática y, lo más importante, encontrar una situación de interés significativa que les motive intrínsecamente a participar activamente.

En este espacio de convivencia, tanto el alumnado como el profesorado adquieren responsabilidad en las tareas acordadas (corresponsabilidad). A través de este proceso se construyen normas de clase, asamblea y grupo no como una simple lista de cosas permitidas o prohibidas, sino como principios que permiten vivir y experimentar valores esenciales. Los valores no se enseñan desde la trasmisión del discurso, se viven (Maturana, 1994). Si en una clase se practica el respeto, el alumnado aprenderá a respetar; si existe reflexión, se convertirán en personas reflexivas; si se practica la generosidad, el alumnado aprenderá a ser generoso; si se vive la democracia, aprenderán a ser personas democráticas. Somos lo que vivimos.

Cada estudiante en la clase debe sentirse importante, con independencia de sus peculiaridades. De este modo, tanto el alumnado como el profesorado irán entendiendo y aceptando que la diversidad es un valor. Hablar de *comunidades de convivencia y aprendizajes* es sinónimo de educación inclusiva, la cual implica un proceso de humanización y, por ende, lleva implícito el respeto, la participación, la convivencia y el aprendizaje compartido. El aula debe ser un lugar donde se respete al otro u otra como legítimo otro u otra en la convivencia, un espacio donde se conviva democráticamente y se participe conjuntamente en la construcción del conocimiento.

4º Principio:
La construcción social del conocimiento curricular

De las aportaciones teóricas de clásicos como Vygotski (1984, 2000), junto a Luria, Leontiev y Vigotsky (1986), y otras como Alliaud y Feeney (2015), Bruner (1991, 1997), Wells (1999), Cole (1999), Wertsch (1988) y Duran (2014), partimos de la asunción de un postulado básico en relación con el papel de la cultura en el desarrollo humano, a saber: el desarrollo de las denominadas *funciones psicológicas superiores* es uno de los efectos de la apropiación de aquellos conceptos, recursos, símbolos, normas, etc., de los contextos sociales, económicos y culturales en los que participa el niño y la niña en compañía de otras personas. Es la actividad mediadora que habilita el uso de tales instrumentos y signos entre el niño y la niña, sus contextos y su relación con otras personas la que permite tal desarrollo. Sobre estas premisas, entendemos que el aprendizaje cultural no solo es acumulación de información, sino que implica la propia construcción de las herramientas de la mente.

En este mismo sentido, las aportaciones de Freire (1970, 1997) sobre el aprendizaje dialógico, junto a los trabajos de Bruner sobre la tesis de que "la cultura da forma a la mente" (1997, p. 11), así como sus sugerencias sobre la necesidad de organizar las aulas como comunidades de apoyo mutuo, son las que inspiran y fundamentan nuestra apuesta por la construcción social del conocimiento curricular. Una apuesta que se concretaría en la necesidad de partir de los conocimientos previos del alumnado sobre aquellas situaciones que se les presentan como problemáticas como punto de partida para el desarrollo curricular. Un desarrollo curricular (sería mejor hablar de construcción curricular) que les permita transitar de lo qué saben, dicho en términos vygotskianos *nivel de desarrollo actual,* hasta lo que necesitan saber, o *nivel de desarrollo potencial.*

Considerar *la construcción social del conocimiento* como principio de acción que orienta la práctica educativa tiene numerosas implicaciones que afectan de forma directa a la propuesta educativa de una escuela sin exclusiones. En primer lugar, la apuesta por el trabajo cooperativo mediante grupos heterogéneos, dado que es la diferencia entre conocimientos, saberes, experiencias, trayectorias, etc., lo que impulsa el desarrollo de cada discente.

En segundo lugar, supone una ruptura con el desarrollo curricular basado en disciplinas o asignaturas y con los libros de texto como principal recurso didáctico al servicio del currículum. Y, en tercer lugar, una reconsideración del papel del profesorado como transmisor de conocimientos al de mediador cultural.

En síntesis, podemos afirmar que todo conocimiento siempre es co-construido (Peyloubet, 2012; Paraskeva, 2020; Darder, 2020). Como hemos señalado en otro lugar (López Melero, 1995), se trata de la construcción de un currículum que trasgreda el tradicional. Un currículum centrado en situaciones problemáticas de la vida cotidiana en el que las disciplinas juegan un papel de apoyo para su solución. Así, el primer objetivo de un currículum alternativo es enseñar al alumnado procesos y estrategias de razonamiento efectivo que puedan utilizar en el aprendizaje y solución de situaciones problemáticas. O sea, la cultura escolar tiene que hacer posible que el alumnado sean personas capacitadas para crear sus propios procesos y estrategias de razonamiento. El alumnado tiene que ser el científico en la escuela y el profesorado el mediador o mediadora del saber, capaz de crear escenarios que inviten a la investigación y la indagación crítica.

La cultura de la diversidad en relación con el currículum es un camino para hacer más representativas las diferencias en una escuela que, a través del valor de la diversidad, aprende a ser más democrática, más justa, más amable y humana. De lo que se trata es de construir un currículum democrático que rompa con la uniformidad curricular hegemónica, con los aprendizajes secuenciados en tareas idénticas en tiempo y espacio, con el eurocentrismo, androcentrismo y capacitismo dominantes. El desafío, como defiende Au (2020), está en saber articular el reconocimiento de la subjetividad personal con la necesidad de redistribución de las oportunidades educativas. En otras palabras, se trata de privilegiar aquellos *puntos de vista* (Au, 2020; Harding, 2004; Hartsock, 1998), históricamente oprimidos, como una labor ética de reconocimiento y una oportunidad para conocer el mundo en formas más sinceras y objetivas que la que la perspectiva hegemónica proporciona.

De lo contrario, el currículum y la cultura escolar, de ser una oportunidad para la emancipación se convierte en un elemento meritocrático y adoctrinador, seleccionando quién será elegido para adquirir una educación de calidad y quién no. La madurez ética del sistema educativo no radica en su eficiencia y rendimiento, sino en el bien común y el éxito colectivo de todas y todos.

En definitiva, el currículum escolar es un reflejo de nuestra visión del mundo, de la educación y de la escuela pública. Asimismo, está vinculado con las finalidades y aspiraciones que queremos alcanzar con nuestro alumnado, así como con el tipo de ciudadanía que queremos formar. Si pretendemos un alumnado culto, librepensador, crítico, dialogante, cooperativo, democrático, justo, autónomo y pacifista, necesitamos construir un currículum que permita esta educación.

5° Principio:
El respeto a la diferencia como valor

La diversidad se juega en el terreno de lo humano, no de lo homínido. Se trataría de la forma de expresión cultural que toma la diferencia en el terreno de lo histórico-cultural. Es decir, si como demuestra Vygotski (1984) el sentido y significado de "defecto" es una construcción social,[17] la diversidad como valor es, así mismo, otra construcción social. Los alumnos y alumnas que acuden a la escuela no son seres inmaduros e incompletos, porque no les falta nada de lo peculiar de ser: son sencillamente personas, que pueden ser de etnia gitana, quechua, aimaras, tener síndrome de Down, padecer una enfermedad contagiosa, tener parálisis cerebral o ser de cultura árabe, que nada de esto configura un defecto ni una lacra social, sino un valor.

En este sentido, el concepto de *interseccionalidad* (Collins y Bilge, 2019) se ofrece como un elemento teórico fuerte para comprender cómo las dinámicas de poder y las estructuras sociales, también la educativa, afectan de manera diferenciada a los individuos en función de sus identidades, mediante formas de discriminación (como el racismo, el sexismo, la homofobia, el capacitismo, etc.) que

---

17 En este sentido, afirmará cómo "las consecuencias sociales del defecto acentúan, alimentan y consolidan el propio defecto. En este problema no existe aspecto alguno donde lo biológico puede hacer separado de lo social" (Vygotski, 1984, p. 93).

se superponen y se refuerzan entre sí. El reconocimiento de esta multiplicidad de formas de opresión hacia la pluralidad de experiencias, necesidades y conocimientos de la diversidad de alumnado que acude a las escuelas nos permite planificar y desarrollar prácticas curriculares más inclusivas y equitativas. De este modo, tendríamos que asumir una primera conclusión: el mandato educativo de una escuela sin exclusiones debe asegurar y defender el valor social y personal de la diversidad. Una conclusión de la que se derivan, al menos, dos implicaciones para la práctica docente.

En primer lugar, la diversidad como elemento de mejora de los procesos de enseñanza-aprendizaje. En otras palabras, la diversidad mejora el aprendizaje y ha de propiciar la mejora de la práctica docente; "lejos de ser obstáculos, se han de considerar como oportunidades de aprendizaje" (López Melero, 2018, p. 56). En segundo lugar, la necesidad de construir un currículum común *desde* la diversidad. Es decir, no se trata de planificar un currículum *para* la diversidad, se trata de construirlo *desde* la diversidad misma de las aulas. Una conclusión que resulta antagónica a las formas hegemónicas e institucionalizadas actuales de los currícula. En otras palabras, no implica adaptar el currículum, se trata de transformarlo. De lo contrario, no podrá hablarse de una escuela sin exclusiones.

El discurso de la educación inclusiva es un discurso eminentemente ético y político. Desde nuestro punto de vista, no existe educación sin compromiso ético. Por eso, la consecuencia lógica para cambiar de rumbo el camino trazado por un modelo educativo neoliberal, segregador y homogeneizante es la construcción de un modelo educativo que haga prevalecer el amor, entendido como reconocimiento de la otra persona como legítima otra en su dignidad, como lo más humano del ser humano (Maturana, 1994). Hablar de inclusión es hablar de derechos, de diálogo, de una nueva cultura, de amor, de respeto, de democracia, de justicia, de humanización y de una nueva escuela para construir una sociedad donde nadie se sienta excluida.

Por todo lo expresado anteriormente hablar de educación inclusiva nos parece una redundancia, porque no puede haber una escuela pública sin inclusión. Por eso, nos gusta más hablar de cómo construir una escuela sin exclusiones o simplemente cómo construir la escuela pública. Una escuela pública que no discrimine a nadie para acceder a ella y recibir la respuesta adecuada a sus peculiaridades. Desde nuestro punto de vista, para poder construir esa escuela sin exclusiones son necesarias políticas inclusivas, culturas inclusivas y prácticas pedagógicas inclusivas (Ainscow, 2004). Con prácticas pedagógicas simples no se puede lograr una escuela sin exclusiones, se hace necesaria una pedagogía más compleja donde las personas y las culturas diferentes puedan "aprender a aprender en cooperación". Es decir, comprendan que la convivencia democrática en el aula y la socialización crítica de las diferencias son condición necesaria para construir el proyecto de escuela pública en sociedades que se dicen democráticas. La cuestión, como sugiere Ball (2016), es la necesidad de la repolitización de la educación, "lo que significaría reconectar la educación con la democracia" (p. 33).

Nuestra posición es la defensa de la escuela pública y su educación, la de su espacio como cobijo e institución que nos acoge a todas las personas en nuestras diferencias para consumar el derecho a la educación y a la cultura para con la ciudadanía en un estado democrático. Por tanto, en nuestra opinión, su papel debería ser el de generar contextos que acompañen al alumnado en la construcción de las herramientas mentales y culturales que le permitan aprender a pensar y a convivir en esta sociedad diversa, compleja y frágil caracterizada por el cambio y la incertidumbre. Éste es nuestro interés en este libro. Y es un interés que vale la pena defender. Probablemente partamos de procesos lógicos de pensamiento diferentes; es decir, que nuestras formas de pensar, comunicar, sentir/amar y actuar sean muy diferentes unas de otras, pero convendremos que el cambio educativo se consigue si somos capaces de cambiar el estado de las cosas a través del conocimiento, la innovación y la mejora de nuestras prácticas. El debate que puedan generar estas palabras se debe a las distintas visiones que podamos tener de los valores sociales generales y del papel que ha de cumplir la escuela pública en nuestra sociedad: Por tanto, no tenemos la menor duda que las barreras para que la educación inclusiva sea una realidad están profundamente arraigadas en la estructura económica, social, cultural, política e ideológica de nuestra sociedad.

Se necesitan, por tanto, otras políticas que protejan mejor a los que más lo necesitan y ofrezcan las condiciones imprescindibles para cubrir las necesidades básicas de la infancia y la juventud, como condición fundamental para que la educación sea considerada, además de un valor necesario, el medio más eficiente para romper el círculo de la pobreza y de las desigualdades en el mundo (Sen, 2010). De ahí que sea necesario hablar de una nueva cultura. Una cultura, imprescindiblemente solidaria, cooperativa y respetuosa con la diversidad. Una nueva cultura no basada en la economía, sino en el desarrollo de la vida democrática. Este sería nuestro punto de apoyo para construir una nueva escuela pública.

2. Una nueva escuela pública, "otra": un lugar para pensar y convivir

Desde esta perspectiva, y como síntesis de nuestro pensamiento, proponemos la construcción de una nueva escuela pública sustentada en cuatro ámbitos de acción y una serie de estrategias para cada uno de ellos que posibiliten dicha transformación.

Primer ámbito: Una nueva forma de pensar

1ª Estrategia: recuperar el deseo de aprender del alumnado requiere el cambio de mentalidad del profesorado

La primera estrategia debe centrarse en restaurar el deseo de conocer que posee todo el alumnado, especialmente de aquellos a los que se les ha negado ese derecho. Para esto, resulta esencial un cambio generalizado de mentalidad en el profesorado respecto a las cualidades de sus estudiantes. La escuela pública debe garantizar una educación equitativa, sin distinción de etnia, género, religión, condición o peculiaridad. Niñas, niños y niñes van a la escuela a *aprender a pensar y aprender a convivir.* Sin embargo, en muchas escuelas, el acceso a una educación de calidad está restringida debido a diagnósticos discriminatorios; se les ha robado el derecho de aprender (Darling-Hammond, 2001).

Podemos sintetizar que el profesorado debe asumir una serie de compromisos, tales como:

• aprender a transformar las situaciones problemáticas en proyectos educativos (autonomía del profesorado) y las carencias en suficiencias;
• ser docente-investigador/a e intelectual comprometida y no una figura técnica al servicio de la administración o de las diferentes estructuras del poder;

- ser un o una artista que ha aprendido a trabajar en aulas muy heterogéneas construyendo ambientes democráticos de aprendizaje (respeto a la diversidad);
- garantizar la construcción social del conocimiento a través de asambleas y proyectos de investigación como estrategias didácticas para aprender en cooperación;
- disposición permanente a transformar su práctica educativa al reflexionar con otros compañeros y compañeras para seguir aprendiendo y mejorándola (investigación-acción cooperativa formativa), ya que las transformaciones rara vez se dan en soledad;
- ser consciente de que la docencia es una profesión que exige un compromiso moral con la justicia social, por lo que la formación docente tiene que conectar con la sociedad, con las escuelas, con los barrios, con espacio y momento histórico. Las actuaciones docentes son en sí mismas un acto político, influyen en la vida y destino del alumnado y deben tener la pretensión de aportar a la creación de un mundo mejor y a una sociedad más justa; es por ello que el profesorado debe considerarse un agente de cambio (Zeichner, 2010);
- el docente crítico tiene la disconformidad como principio fundamental; tiene que trasgredir el mismo sistema al que pertenece, romper con el sistema de educación bancaria (Freire, 1970)[18] haciendo de sus clases un lugar de resistencia.

---

18 Para Freire (1970) la educación bancaria "es el acto de depositar, de transferir, de transmitir valores y conocimientos…" (p. 52), y es el

La calidad del profesorado es fundamental para el cambio educativo. El derecho del alumnado a una educación equitativa y de calidad demanda docentes con un alto nivel de formación, comprometidos con la justicia social y con un constante desarrollo profesional. Necesitamos profesionales, docentes-investigadores, que reciban una formación inicial y permanente que les permita investigar y reflexionar sobre su práctica educativa, así como desarrollar actitudes y valores hacia la diversidad que les provean de la capacidad pedagógica suficiente como para saber dar respuesta a todo el alumnado. En este sentido, la investigación-acción cooperativa (Kemmis y McTaggart, 1988) debe integrase en la formación del profesorado y en su continuo hacer como docente, ya que fomenta un método de pensamiento y acción para mejorar situaciones colectivas, basando la investigación en la participación de los propios colectivos protagonistas de la investigación (Zeichner, 2010).

La cooperación entre docentes, como señalan Hargreaves y Fullan (2014), es esencial para desarrollar capacidades profesionales valiosas y garantizar el derecho a una educación sin exclusiones. En definitiva, *la práctica de pensar la práctica* es un medio que permite romper

---

educador, poseedor de los saberes quien los trasmite a los educandos considerados ignorantes.

con las rutinas esclerotizadas del profesorado que lo único que aseguran es que éste se configure como un técnico al servicio del sistema (Carr y Kemmis, 1988; Schön, 1982). La dialéctica *acción-reflexión-acción* condiciona tanto el pensamiento como la acción, de modo que ambos momentos se valoren y se enriquezcan mutuamente. Ni la acción irreflexiva y mecanizada ni la más hermosa teoría concientizadora llevan a la verdadera acción transformadora y consciente (praxis). La ausencia de praxis convierte a la educación en mera instrucción.

Este paradigma requiere, para su desarrollo, de una formación inicial colegiada, un desarrollo profesional solidario y un perfeccionamiento profesional centrado en la reflexión crítica permanente de todos los docentes como lenguaje común de la práctica educativa. Para ello hay que romper con ciertas tradiciones anquilosadas de entender la universidad. La universidad pública tiene un compromiso moral y social con la escuela. Si la universidad abraza "el modelo transmisor y reproductivo de cducación, suprime cualquier espacio de vida democrática, suprime cualquier intento de expresión crítica y de indagación. Si la universidad perpetúa este modelo, éste se reproduce en las futuras maestras y maestros" (Soler et al., 2018, p. 109).

La formación universitaria del profesorado requiere una mirada integral (Imbernón, 2007), donde se construya el conocimiento desde la participación democrática, la reflexión crítica, la cooperación, la indagación y la investigación, basadas no sólo en la pedagogía, la psicología, la antropología, la filosofía, la sociología y otras áreas, sino también fundamentada en los Derechos Humanos y los Derechos de la Infancia. Para que exista una escuela pública se necesita una formación inicial del profesorado sin exclusiones.

La universidad tiene que asumir el compromiso de generar conocimiento para convertirse en protagonista de las transformaciones sociales y culturales de los contextos de los que formamos parte (Imbernón, 2004). La universidad pública debe ser un espacio de resistencia ante las injusticias sociales; es por ello que "…se convierte en una cuestión fundamental brindar maneras de trasladar a las situaciones cotidianas de aula la crítica social y pedagógica…" (Soler et al., 2018, p. 110). Como decía Saramago (2010), no se trata de que la universidad sea nuestra salvación, pero sí que tiene la responsabilidad de ir más allá de la formación de buenos profesionales. Debería ser un espacio donde se gestan buenas personas, que forman parte de la ciudadanía de nuestro mundo.

3ª Estrategia: elaborar proyectos educativos de centro transformadores y democráticos

Es necesario que cada centro escolar disponga de un proyecto educativo democrático con el fin de atender a la diversidad de todo el alumnado. Estos proyectos deben ir más allá de la simple planificación curricular, buscando generar un impacto en la comunidad educativa y en la sociedad en general. Una especie de proyectos educativos itinerantes, parafraseando a Paraskeva (2020), que contemple la cultura, los valores, los estilos de vida de los contextos donde esté ubicada esa escuela y nos sirva para pensar en un conocimiento prudente para una vida digna. Un proyecto educativo que forme personas cultas, reflexivas, críticas y creativas, dialogantes, solidarias y respetuosas, coherentes con sus acciones sabiendo hacer lo que se debe hacer.

Para ello, es fundamental que el proyecto educativo sea elaborado con la participación activa de todos los miembros de la comunidad educativa, incluidos docentes, estudiantes, familias, personal de administración y servicios y agentes locales. Se trata de alcanzar una gobernanza escolar democrática (Collet y Tort, 2016).

4ª Estrategia: construcción social del conocimiento (proyectos de investigación)

Desde nuestro punto de vista, los proyectos de investigación suponen una estrategia susceptible de llevar a la práctica que permite transformar la relación del alumnado con la cultura, permitiéndoles explorar temas relevantes y desarrollar habilidades críticas a través del trabajo cooperativo. El alumnado aprende a formular preguntas, buscar información, analizarla, reflexionar y evaluar sus hallazgos, partiendo de su curiosidad epistemológica e intereses, y en el que el profesorado tiene como función principal ser un mediador cultural.

Los proyectos de investigación se fundamentan en la idea de "instalar" al alumnado en una actitud de búsqueda e indagación permanente. De este modo, el currículum se convierte en una aventura que ha de recorrer el alumnado para transitar de lo que sabe a lo que no sabe, pero que debería conocer. No se trata de adquirir conocimientos, sino de un acto de inquirir (Dewey, 2004), es decir, de indagar, observar e investigar. Una apuesta didáctica que favorezca que el alumnado aprenda a resolver imprevistos, se relacione de forma enriquecedora con el conocimiento, reflexione críticamente y no se encuentre condicionado a intercambiar conocimientos memorizados mecánicamente por calificaciones o títulos en el mercado académico y/o laboral.

En las aulas no sólo se aprenden unos contenidos teóricos, sino un modo de convivir. Por tanto, el currículum no sólo es un concepto teórico, sino que es un instrumento regulador de las prácticas de aula. Es en la práctica donde el currículum adquiere significado y valor como instrumento al servicio de la equidad y la calidad. En este sentido, un currículum democrático debe cumplir estas dos condiciones: una, proporcionar la cultura suficiente para hacer personas libres y autónomas, y dos, lograr este conocimiento a través del diálogo, la participación y la convivencia.

Segundo ámbito: una nueva forma de conversar

5ª Estrategia: grupos heterogéneos y trabajo cooperativo (aprendizaje dialógico)

Los grupos heterogéneos, desde sus puntos de vista y desde sus necesidades, establecen las estrategias y los procedimientos que van requiriendo para alcanzar aquello que pretendían, favoreciendo el aprendizaje dialógico y la convivencia. Precisamente, es la diversidad característica de los grupos heterogéneos la que facilita el desarrollo del alumnado.[19] Es decir, es un modo de *aprender a pensar y de aprender a convivir*, donde el debate dialógico (Freire, 1970, 1993) se erige como una estrategia emancipadora que permite a estudiantes y docentes la búsqueda de consensos y el respeto a la discrepancia (Habermas, 1987). Pretendemos, con este procedimiento de trabajo, que el alumnado sea consciente de su propio proceso de pensar desde la reflexión y autocorrección; y también pretendemos que construyan sus criterios y puntos de vista personales para modificar sus pensamientos y sus acciones y, en consecuencia, para fortalecer su competencia para tener juicios correctos y para aprender a tratarse entre sí de manera razonable y respetuosa (López Melero, 2018).

---

19 Lo que en términos vytgotskianos se conoce como "Zona de Desarrollo Próximo".

6ª Estrategia: diálogo y cooperación del profesorado

El profesorado que trabaja bajo un modelo educativo común, orientado por fines compartidos, en el que la reflexión sobre la práctica mejora la propia práctica, enriquece y mejora sus prácticas y le da sentido a la escuela como comunidad de convivencia y aprendizajes, porque supone un compromiso moral y práctico de servicio a la comunidad social y educativa. El diálogo entre los docentes y la cooperación en las dinámicas del día a día, basado en la confianza mutua y el respeto, fomentan la convivencia y la cultura democrática en los centros. Como sostienen Hargreaves y Fullan (2014), la calidad de la educación depende de la capacidad del profesorado para trabajar conjuntamente, apoyándose mutuamente y compartiendo conocimientos, experiencias y estrategias educativas. En este sentido, la investigación-acción cooperativa formativa es un ejemplo de cómo se puede favorecer el trabajo en común mediante el análisis y la reflexión crítica de sus propias prácticas pedagógicas.

Tercer ámbito: una nueva forma de sentir/amar

7ª Estrategia: el centro educativo como comunidad de convivencia y aprendizajes

Transformar los centros educativos en comunidades de convivencia y aprendizajes implica organizar los espacios para asegurar oportunidades equitativas de participación en la cultura escolar para todo el alumnado. De esto modo, el alumnado tiene la oportunidad de intercambiar sus experiencias, puntos de vista diferentes, realizando tareas cooperativas y estableciendo normas de convivencia entre todos y todas. .

El profesorado debe entender que la vida democrática en el aula no se impone, nace de la convivencia y del respeto mutuo, si tú quieres que te respete el alumnado, respeta a las alumnas y alumnos. Es necesario respetarse mutuamente, pero para ello hay que vivir en el respeto. Educar es respetar al otro como legítimo otro en la convivencia (Maturana, 1994).

Se trata de concebir el espacio educativo como un lugar donde toda la comunidad participe en la construcción del conocimiento y en el que se conviva democráticamente. La práctica democrática en las escuelas debe ser una experiencia vivida por todo el alumnado reconociendo la dignidad de todas y de todos.

8ª Estrategia: el aula como unidad de apoyo y el apoyo dentro cl aula

El aula no sólo es un lugar para aprender a pensar, también para aprender a convivir. El aula debe ser un contexto donde todo el alumnado se apoye mutuamente. Precisamente, la confianza que se ha de construir desde los primeros días de clase, junto al establecimiento de unas normas de convivencia consensuadas entre todas y todos, se irá logrando la convivencia democrática en el aula. El aula como unidad de apoyo implica organizar el espacio de manera que el alumnado, con independencia de sus necesidades, pueda participar activamente con el apoyo de sus compañeras y compañeros. En cualquier caso, el profesorado será siempre el principal apoyo dentro del aula, facilitando un contexto en el que todo el alumnado se sienta reconocido y seguro; evitando la práctica de sacar a estudiantes del aula para recibir apoyos externos, fragmentado la experiencia educativa e impidiendo el beneficio de un contexto educativo diverso y cooperativo. ¿Cómo se restituyen los aprendizajes que construyen sus compañeros y compañeras cuando se está fuera del aula? Lo importante es que toda la clase se convierte en una unidad de apoyo mutuo, donde todas y todos se ayuden entre sí.

Además, al llevar a cabo el apoyo dentro del aula, reconstruimos democráticamente el aula a través de las normas y los valores, y a su vez el alumnado se hace consciente que las formas de aproximación y reconstrucción del conocimiento son tan peculiares como cada uno de ellos y ellas; siendo la cooperación la herramienta por excelencia para superar cualquier dificultad individual o colectiva. Las normas no son para establecer el orden, ni la disciplina, sino la convivencia democrática.

9ª Estrategia: el reconocimiento de la diversidad como valor y derecho

Para garantizar que la diversidad humana sea reconocida y respetada como un valor y un derecho en la educación, es fundamental contar con estrategias que transformen estas ideas en prácticas concretas. Entre otras, sugerimos algunas estrategias pedagógicas que consideramos pueden favorecer el reconocimiento de la diversidad de saberes, tradiciones y prácticas del alumnado, el diálogo equitativo y el respeto a las diferencias humanas como valor.

En primer lugar, en relación con el acceso al conocimiento y el reconocimiento de la diversidad de identidades, conocimientos y saberes; el diseño y desarrollo del currículum escolar debe ser lo suficientemente flexible para posibilitar la emergencia de las diversas formas de conocimiento cultural, histórico y social de los seres humanos. De este modo, como sugerimos con anterioridad, los *proyectos de investigación en el aula* se nos presentan como una propuesta susceptible de ser llevada a la práctica, que permite una construcción curricular que integre esta diversidad de fuentes de saberes, experiencias y prácticas.

En segundo lugar, desplegar estrategias para generar espacios de debate y diálogo en el que todo el alumnado pueda expresar sus ideas, intercambiar experiencias y puntos de vista, especialmente de aquellas personas que puedan enfrentar barreras sociales o culturales para la participación, resulta otra condición ineludible para dicho reconocimiento.

Por último, podríamos señalar la importancia de establecer normas que favorezcan este respeto y reconocimiento de la diversidad. Para ello, su constitución y aplicación no puede ser una imposición ajena a las necesidades de la familia y del alumnado. Por el contrario, han de partir de las necesidades reales que acontezcan en los diferentes contextos escolares, además de contar con la participación de las familias y del alumnado en todo el proceso de diseño, desarrollo, aplicación y evaluación.

En definitiva, tenemos derecho a ser diferentes, pero no a ser desiguales. Esta afirmación no puede quedar reducida a un lema que calme nuestra conciencia, debe traspasar las fronteras del discurso para comprometerse con la acción.

Cuarto ámbito: una nueva forma de actuar

10ª Estrategia: cohesión con el equipo directivo, el profesorado y las familias

El equipo directivo se convierte en un valor cuando se compromete con la cultura de la diversidad, mediante el convencimiento de que todas las personas pueden y deben aprender y tienen el derecho de recibir una educación adecuada que les permita el desarrollo de todas sus capacidades. Hay que fomentar en todo el profesorado y en el resto de la comunidad escolar que el énfasis debemos ponerlo en la capacidad de cada alumno y alumna y no en subrayar su déficit, sino aquellas deficiencias y situaciones problemáticas en el sistema (escuela o aula) para transformarlo y que se convierta en una tarea permanente evitando la *cultura del lamento*. Para esto, resulta esencial mantener una relación fluida con las familias basada en el respeto, la confianza y el diálogo para desarrollar el proyecto educativo de manera cooperativa. Se trata de construir una alianza escuela-familia-comunidad (Epstein, 2018) que favorezca el desarrollo educativo de todas las alumnas y alumnos.

11ª Estrategia: la evaluación como aprendizaje y no como calificación ni examen

La salud democrática de un sistema educativo, así como su calidad y eficacia, depende de la evaluación. La evaluación no es medición, sino que es un encuentro entre el profesorado y el alumnado con la intención de aprender el uno del otro. El profesorado aprende para conocer y mejorar sus prácticas educativas y el alumnado aprende del acompañamiento del profesorado y de sus compañeras y compañeros, mejorando su curiosidad para seguir aprendiendo.

De esta manera, la evaluación actúa entonces al servicio del saber y del aprendizaje, es decir, es en sí misma un acto formativo que rompe las líneas que separan al sujeto que enseña y al sujeto que aprende; así dejaría de ser competitiva, centrada en las calificaciones individuales y pasaría a formar parte del propio proceso de enseñanza y aprendizaje compartido (formativa).

Una premisa de la que debemos partir y que debe tener muy clara la comunidad educativa es –como hemos expresado anteriormente y de manera recurrente en los estudios y referencias académicas– que una cosa es evaluar y otra calificar. Una cosa u otra responden a modelos educativos diferentes, aunque, como sabemos, se tiende a confundir de manera interesada, desnaturalizándose el sentido y el significado de ambos. Un número al lado de una asignatura no es más que una etiqueta para clasificar, seleccionar y excluir, porque la calificación es una medida sobre el control del saber planificado previamente y que establece un ranking con consecuencias discriminatorias, y ello lo convierte en una cuestión de justicia educativa.

La evaluación debe ser coherente con la metodología democrática que se desarrolla en clase. No se puede enseñar de manera cooperativa y luego exigirle al alumnado a la hora de la evaluación que sea individualista y competitivo; no se puede proponer al alumnado que indague y construya el conocimiento investigando cooperativamente de manera integral, teniendo en cuenta en los procesos de enseñanza y aprendizaje todos los procesos cognitivos y metacognitivos, las diferentes formas de comunicar, las relaciones, los valores, las normas, las emociones y su autonomía (física, personal, social y moral), y se le pida al final un examen en el que se reduzca *únicamente* a la dimensión cognitiva de memorizar. En este sentido, se ha de evaluar todo el proceso: el papel del profesorado, la dinámica de clase y el rendimiento del alumnado. De ahí que conjuntamente alumnado y profesorado, si se trabaja por proyectos de investigación, deben valorar si los estudiantes han aprendido a construir las estrategias generales y específicas que les posibilite resolver situaciones problemáticas, presentes y futuras, y no la cantidad de contenidos curriculares adquiridos. Además, habrá que valorar si el profesorado ha cumplido con su responsabilidad para que esto se produzca.

En consecuencia, la práctica evaluativa requiere cambios, en primer lugar en el pensamiento del profesorado, especialmente en lo que se refiere a sus constructos mentales que orientan su ejercicio pedagógico: deben permitir que los estudiantes participen de manera activa en sus procesos de formación y evaluación, otorgar espacios y tiempos reales para que realicen procesos de evaluación conscientes, serios y auto reguladores. Así garantizaríamos una evaluación formativa y justa.

Para que sea formativa y democrática, se necesita la participación conjunta del alumnado y el profesorado, favoreciendo la autoevaluación (personal) y la coevaluación (grupal) entre el alumnado y el profesorado. Para ello, es necesario que la evaluación sea transparente (Álvarez

Méndez, 2014), porque desde el inicio el alumnado y el profesorado deben conocer y establecer conjuntamente cuáles serán los criterios a valorar y qué se tendrá en cuenta en los procesos de enseñanza aprendizaje.

Por último, hemos de ser conscientes de la ética de la evaluación, una ética que reside en la conciencia de cómo nuestras acciones, en los procesos de enseñanza y aprendizaje, repercuten en el alumnado. Tiene que haber una coherencia en nuestra praxis: si entendemos que los procesos de enseñanzas y aprendizajes deben ser democráticos y justos, la evaluación como parte de estos procesos también tiene que serlo. Ello es lo que convierte a la evaluación en una actividad moral (House, 1997).

Capítulo 4
Cerrando el círculo: la construcción de una sociedad sin exclusiones

La construcción de una escuela sin exclusiones es parte fundamental en el movimiento hacia una sociedad sin exclusiones. Nos gustaría enfatizar que la educación inclusiva no es solo una responsabilidad educativa, se trata de una responsabilidad social. Una escuela pública representa un microcosmos de su contexto social que, dada sus particularidades, cuenta con la capacidad, al menos potencialmente, para transformar las dificultades en proyectos educativos que sirvan a la profundización democrática y a la justicia social. Se trata de la responsabilidad de construir comunidades en las que cada persona, independientemente de sus peculiaridades, pueda participar plenamente y con dignidad. Nuestras últimas palabras, reivindican esta escuela "otra" y esta otra sociedad más justa, más solidaria, más amable, más humana.

Hablar de una sociedad sin exclusiones nos remite a algunos conceptos que hemos abordado en páginas anteriores como *cualidades diversas*, para otras personas, *discapacidades*; conceptos asimilables con otros que sirven de justificación para la exclusión debido a cualidades o diferencias sociales y/o personales.

Como hemos señalado, el concepto de discapacidad ha evolucionado significativamente en los últimos años. Tradicionalmente, la visión médica-psicológica de la discapacidad predominó, describiéndola en términos de defectos biológicos o psicológicos que limitan la capacidad funcional del individuo con su medio. Con el tiempo, los enfoques fueron cambiando hacia una visión más social, como el resultado de la situación de desventaja, marginación y discriminación que experimentan frente a las barreras impuestas por un entorno social que ha sido diseñado sin considerar la diversidad humana.

Mientras la primera definición pone el énfasis en el individuo y en sus características, quien es responsable de su propia adaptación social, la segunda subraya el ambiente socialmente construido y la responsabilidad social de diseñar, desarrollar y evaluar políticas públicas que sirvan para erradicar las barreras que impiden una sociedad sin exclusiones. Así, las diferencias humanas dejan de verse como una tragedia personal y se entienden como un problema de garantía de derechos fundamentales (Barton, 2008). Ambos paradigmas responden a dos modelos pedagógicamente antagónicos: la integración y la inclusión educativa. Siendo conscientes de que un cambio de paradigma requiere un cambio profundo en la orientación de las políticas económicas, sociales y culturales, intentaremos sintetizar estos dos modelos en la siguiente tabla.

Tabla 1. *Diferencias entre integración e inclusión educativa*

INTEGRACIÓN ESCOLAR	INCLUSIÓN EDUCATIVA
Estar dentro de las instituciones, pero sin relaciones significativas entre iguales. El alumnado puede estar aislado en un aula específica o en el aula común sin participar activamente en la construcción del conocimiento.	Estar dentro de las instituciones con relaciones significativas entre iguales, formando parte activa de la comunidad educativa.
Se centra en la necesidad de cambiar a las personas.	Se centra en la necesidad de cambiar los sistemas y los contextos.
Subraya la enfermedad y las incapacidades, entendiendo la diversidad desde un enfoque deficitario.	No se focaliza en las incapacidades, sino en las capacidades y cualidades, entendiendo la diversidad como cualidad humana que nos enriquece.
Requiere itinerarios curriculares diferenciados, como adaptaciones curriculares deficitarias.	Construye un currículum común para todas y todos.
Genera exclusiones y conduce al incumplimiento del Derecho a la Educación para todas las personas.	Promueve el cumplimiento del Derecho a la Educación para todas las personas, respetando sus cualidades y su derecho a ser diferente pero no desigual.
Se sustenta en el principio de igualdad	Se sustenta en el principio de equidad.

Entiende la educación desde un enfoque neoliberal.	Entiende la educación desde la cultura de la diversidad y la democracia radical.

Fuente: elaboración propia.

Sin embargo, en un escenario donde lo "normal" es el canon desde donde se piensa el mundo, todo aquello que se escapa de este resulta invisibilizado, excluido o criminalizado. La falta de consideración hacia las diferencias humanas por parte de aquellos responsables del diseño de las políticas públicas resulta insólita. Al no ser sentidas como personas necesarias para la maximización del beneficio económico de una organización social obsesionada con la eficiencia, pasan inadvertidas. Por eso, no debería sorprendernos que el espacio público y la vida social no esté diseñada para aquellas personas con ceguera o dificultades de visión, sordas o con pérdida auditiva, con movilidad reducida, que usan prótesis o silla de ruedas, incluso en el caso de la trabajadora precaria o de la mujer embarazada; podría decirse lo mismo de la infancia.

La ciudad, y otros espacios sociales, no está pensada para el uso y disfrute de estas personas, quienes podrían realizar sus tareas si la arquitectura, parques y jardines, medios de transporte y comunicación estuvieran diseñados considerando sus peculiaridades. Sin embargo, la discriminación es una realidad cuando la diversidad no es parte del pensamiento de los "diseñadores sociales", relegando a ciertas personas a ciudadanías invisibles.

Solo basta con que dichas personas puedan participar, o al menos ser consultadas, en la planificación de las políticas públicas para así encontrar soluciones adecuadas. Precisamente, son ellas las que sirven para comprobar si una determinada política pública o plan de desarrollo es exitoso. Un plan adecuado para estas personas y grupos será accesible para todas las personas.

Cuando hablamos de sociedad, nos referimos a la forma en que una comunidad de seres humanos se relaciona entre sí y coopera en función de determinados intereses comunes, de fines o valores, inspirados en el sentimiento subjetivo de *constituir un todo* (Weber, 1964, p. 33). No podríamos hablar de sociedad sin considerar los conceptos de participación, ciudadanía y democracia, así como con el diseño y desarrollo de políticas públicas. En este sentido, *sociedad inclusiva* es una sociedad para toda la ciudadanía, en la que las características y necesidades de cada persona constituyen la base de las decisiones políticas. Cuando una sociedad se organiza de acuerdo con las necesidades de cada uno de sus componentes, esa sociedad logra movilizar el potencial de su ciudadanía, fortaleciendo su capacidad transformadora y actuando de manera justa y democrática. En este caso, podríamos hablar de una sociedad éticamente madura.

Una sociedad inclusiva reconoce la diversidad, fomenta la participación, propicia la convivencia y genera aprendizaje permanentemente. Es una sociedad que respeta la dignidad y los derechos humanos, ofreciendo oportunidades equivalentes según las peculiaridades de cada persona, promoviendo una perspectiva de un nosotros común. El reto es construir una cultura inclusiva mundial que elimine las barreras que conducen a la discriminación y la exclusión. Este *ethos* democrático requiere respetar y considerar la diferencia, sin generar desigualdades. El reverso tiránico de la igualdad es tratar a cada persona de manera idéntica sin considerar sus peculiaridades.

Tenemos derecho a ser iguales en dignidad y derechos, no a contar con iguales oportunidades para nuestro desarrollo. El desafío es grande: se trata de la lucha por la justicia social. Las personas con culturas y/o capacidades diferentes necesitan respeto, libertad, equidad y dignidad, no conmiseración ni caridad institucional. El paternalismo debe dar paso a la confianza para que todas las personas sean protagonistas de su propio proceso de emancipación y representación social.

Por todo esto, somos defensores de la escuela pública como ese lugar que se responsabiliza de la acción pedagógica para la convivencia democrática y la equidad educativa, respetando las peculiaridades de cada niña, niño y joven. La escuela pública, al hacer suya la cultura de la diversidad, no hace sino poner en práctica los Derechos Humanos (1948) y la Declaración de los Derechos de la Infancia (1989), evitando injusticias educativas mediante la promoción de modelos educativos comunes que no discriminen a nadie por etnia, género, religión, procedencia o capacidad. En definitiva, hablamos de una apuesta por la socialización de las diferencias y el reconocimiento de la interdependencia como rasgos constitutivos de la humanidad.

Esta escuela, comprometida con la cultura de la diversidad, necesita de un profesorado que confíe en esos principios y valore la construcción de escenarios educativos para la socialización democrática y la educación en valores, porque en la escuela no sólo se aprenden contenidos culturales, sino también modos de convivencia. La finalidad de esta escuela para una sociedad sin exclusiones es lograr que el alumnado *aprenda a pensar y a convivir*, despertando el amor por la cultura, la belleza y la solidaridad. Esto no es una utopía irrealizable, sino un proyecto moral para construir una sociedad democrática y justa, porque ¿acaso es posible una educación en valores desvinculada de una dimensión utópica?

La utopía, entendida como el deseo por construir un mundo mejor, es esencial en educación. Una utopía para una educación ética y política, para construir una sociedad democrática participativa basada en la libertad y la equidad. Esta visión utópica, lejos de ser irrealizable, es necesaria para evitar el conformismo, la apatía, la trivialidad, el oportunismo y la barbarie. Nos devuelve la esperanza y la responsabilidad de elegir un mundo mejor, basado en el respeto, la cooperación, la justicia y la dignidad humana

(Bloch, 2007). Sin embargo, la globalización económica está unida a la ciencia ficción al mostrarnos un mundo de enajenación cultural, abusos, jerarquías, agresión, discriminación y obediencia. Vivimos en "la injusticia globalizada" (Saramago, 2000), donde la competitividad, el individualismo y la intolerancia son los (contra)valores hegemónicos que colonizan nuestras subjetividades.

Necesitamos otro modelo educativo para hacer frente a tanta injusticia. Hemos formulado una opción política y educativa que toma una postura frente a la realidad social: no quedar indiferente ante la justicia atropellada, no permanecer indiferente ante la libertad conculcada o ante los derechos humanos violados, luchar contra la injusticia de la trabajadora o el trabajador explotado y denunciar permanentemente la violencia machista, política, religiosa, étnica o sexual. Tomar partido por la justicia, por la libertad, por la democracia, por la ética y por el bien común es opción política y es *hacer política*. Opción política y educativa es luchar por la cultura de la diversidad frente a la cultura de la discapacidad. Ésta es nuestra posición, fundada en un sistema de creencias y valores que trazan el camino para la acción. En fin, la cultura de la diversidad es nuestro compromiso político y educativo. Ética, conocimiento y transformación social son los pilares necesarios para construir una escuela sin exclusiones y, consecuentemente, una sociedad más justa, más solidaria, más comprometida y humana.

Referencias bibliográficas

AGAMBEN, G. (2011). ¿Qué es un dispositivo? *Sociológica (México)*, *26*(73), 249-264.

AINSCOW, M. (2004). *Desarrollo de escuelas inclusivas. ideas, propuestas y experiencias para mejorar las instituciones escolares.* Narcea.

ALLIAUD, A. y FEENEY, S.M. (2015). What type of teachers do we intend to train? An analysis of teacher profiles in MERCOSUR curricula. *Journal of Curriculum Studies*, 47(5), 685-704.

ÁLVAREZ MÉNDEZ, J. M. (2010). El currículum como marco de referencia para la evaluación educativa. En Gimeno, J. *Saberes e incertidumbres sobre el currículum*, 355- 372. Morata.

ÁLVAREZ MÉNDEZ, J. M. (2014). *Evaluar para conocer, examinar para excluir.* (5ta Edición). Morata.

ÁLVAREZ MÉNDEZ, J. M. (2015). Veamos qué se exige y sabremos que aprender… y enseñar. En J. Gimeno-Sacristán (comp.), *Los contenidos. Una reflexión necesaria* (pp. 147-158). Ediciones Morata.

ANGULO, J. F. (2020). Inteligencia. Algunas reflexiones para olvidar el IQ. En Ricardo Espinosa Lolas y Félix Angulo Rasco, *Conceptos para disolver la educación capitalista*, pp. 213- 227. TerraIgnota.

ANGULO, J. F. (2021). Poner el cuidado y el afecto en el centro de la pedagogía. *Voces de la educación, número especial,* 17- 34.

ANGULO, J. F. (2022). Justicia Afectiva: una necesidad educativa y política inaplazable. *Hemiciclo. Revista de Estudios Parlamentarios.* 11 (24): 52-64.

ANGULO, J. F. y BERNAL, C. (2022). Las pruebas estandarizadas en educación. Una Introducción crítica. En Angulo Rasco, J. F. y Bernal, C. (2022) (Coords.). *Las pruebas estandarizadas en educación. ¿De qué estamos hablando?* (pp. 33-54). Editorial Dykinson.

APPLE, M.W. y BEANE, J.A. (2005). *Escuelas democráticas.* Morata.

ARSUAGA, J. L. y MARTÍNEZ, I. (2001). *La especie elegida. La larga marcha de la evolución humana.* Booket.

AU, W. (2020). *Estudios críticos del currículo: Educación, toma de conciencia y políticas del conocimiento.* Miño y Dávila editores.

BALL, S. (2016). Gobernanza neoliberal y democracia patológica. En J. Collet & A. Tort (Eds.), *La Gobernanza Escolar Democrática* (pp. 23-40). Morata.

BARTON. I. (2008). *Superar las barreras de la discapacidad.* Morata.

BAUMAN, Z. (2013). *Vidas desperdiciadas. La modernidad y sus parias.* Paidós

BLOCH, E. (2007). *El principio de esperanza.* (2da edición) Editorial Trotta.

BOURDIEU, P. y PASSERON, J. C. (1990). *La Reproducción: Elementos para una teoría del sistema de enseñanza* (2da ed.). Siglo XXI Editores.

BRONFENBRENNER, U. (1979). *The ecology of human development: Experiments by nature and design.* Harvard university press.

BROWN, W. (2020). *Las ruinas del neoliberalismo. El ascenso de las políticas antidemocráticas en Occidente.* Traficantes de Sueños y Futuro.

BRUNER, J. (1991). *Actos de significado. Más allá de la revolución cognitiva.* Alianza.

BRUNER, J. (1997). *La educación, puerta de la cultura.* Visor.

BRUNER, J. (2003). *La fábrica de historias. Derechos, literatura, vida.* FCE.

BUTLER, J. (2022). *¿Qué mundo es este?* Arcadia.

CAMPBELL, F. K. (2001). Inciting legal fictions: Disability's date with ontology and the ableist body of the law. *Griffith Law Review*, 10(1), pp 42-62.

CARR, W y KEMMIS, S. (1988). *Teoría Crítica de la Enseñanza. La investigación-acción en la formación del profesorado.* Ediciones Martínez Roca.

COLE, M. (1999). *Psicología cultural.* Morata.

COLLET, J. y TORT, A. (2016). *La gobernanza escolar democrática.* Morata.

COLLINS, P. H. y BILGE, S. (2019). *Interseccionalidad.* Morata

CONNELL, R. W. (1999). *Escuelas y justicia social.* Morata

CORTINA, A. (2017). *Aporofobia. El rechazo al pobre: un desafío para la sociedad democrática.* Paidós.

DARDER, A. (2020). Pedagogía crítica. En Ricardo Espinosa Lolas y Félix Angulo Rasco, *Conceptos para disolver la educación capitalista*, pp. 81- 94. TerraIgnota.

DARLING-HAMMOND, L. (2001). *El derecho de aprender. Crear buenas escuelas para todos.* Ariel.

DEWEY, J. (2004). *Democracia y Educación.* Morata.

DURAN, D. (2014). *Aprenseñar: Evidencias e implicaciones educativas de aprender enseñando.* Narcea.

EPSTEIN, J. L. (2018). Asociaciones escolares, familiares y comunitarias en el trabajo profesional de los profesores. *Revista de Educación para la Enseñanza, 44*(3), 397-406. <https://doi.org/10.1080/02607476.2018.1465669>.

ESPAÑA. *La Ley Orgánica 8/2013, de 9 de diciembre, para la Mejora Educativa (LOMLOE).* Boletín Oficial del Estado. <https://www.boe.es/diario_boe/txt.php?id=BOE-A-2013-12886>.

FARAH, H. y VASAPOLLO, I. (2011). *Vivir bien ¿paradigma no capitalista?* Ciudes-Umsa.

FRASER, N. (2008). *Escalas de justicia.* Herder.

FRASER, N. y BUTLER, J. (2017). *¿Reconocimiento o redistribución? Un debate entre marxismo y feminismo.* Traficantes de sueños.

FRASER, N. y HONNETH, A. (2006). *¿Redistribución o reconocimiento?* Morata.

FREIRE, P. (1970). *Pedagogía del oprimido* (2005.ª ed.). Siglo XXI.

FREIRE, P. (1987). *La educación como práctica de la libertad.* Siglo XXI.

FREIRE, P. (1990). *La naturaleza política de la educación. Cultura, poder y liberación.* Paidós.

FREIRE, P. (1993). *La pedagogía de la esperanza.* Siglo XXI.

FREIRE, P. (1997). *La pedagogía de la autonomía.* Siglo XXI.

FREIRE, P.; GADOTTI, M.; GUIMARAES, S. y HERNANDEZ, I. (1987). *Pedagogía: diálogo y conflicto.* Ediciones Cinco.

GARCÍA, H. C. y OLMEDA (2017). *Aprendiendo a obedecer. Crítica del sistema de enseñanza.* (3ª ed.). La Neurosis o las Barricadas Ed.

GILLIGAN, C. (2013). *La ética del cuidado.* Fundació Víctor Grífols i Lucas.

GILLIGAN, C. y RICHARD, D. A. J. (2009). *The Deepening Darkness: Patriarchy, Resistance, and Democracy's Future.* Cambridge University Press, New York.

GIROUX, H.A. (1990). *Los profesores como intelectuales hacia una pedagogía crítica del aprendizaje.* Paidós.

GOFFMAN, E. (2006). *Estigma. La identidad deteriorada.* Amorrortu.

GOODLLA, J. (1986). *En la senda del hombre.* Salvat.

GOULD, S. J. (1987). *La falsa medida del hombre.* Orbis.

HABERMAS, J. (1987). *Teoría de la acción comunicativa i y ii.* Taurus.

HARDING, S. (2004). "Rethinking standpoint epistemology: What is "strong objectivity"?" En S. Harding (Ed.), *The feminist standpoint reader* (pp. 127-40). Routledge.

HARGREAVES, S. y FULLAN, M. (2014). *Capital profesional.* Morata

HARTSOCK, N. (1998). *The feminist standpoint revisited other essays.* Westview Press.

HERRERO, Y. (2015). Apuntes introductorios sobre el Ecofeminismo. *Boletín del Centro de Documentación Hegoa,* (43), 1-12.

HERRERO, Y. (2021). Miradas ecofeministas para transitar a un mundo justo y sostenible. *Revista De Economía Crítica, 2*(16), 278–307. Recuperado a partir de <https://revistaeconomiacritica.org/index.php/rec/article/view/334>.

HOOKS, B. (2021). *Enseñar a transgredir: La educación como práctica de la libertad.* Capitán Swing.

HOUSE, E. R. (1997). *Evaluación, ética y poder.* Morata.

IMBERNÓN, F. (2004). *Universidad y sociedad: Un enfoque crítico.* Editorial Graó.

IMBERNÓN, F. (2007). *Innovación y calidad en la educación superior.* Editorial Graó.

IMMORDINO-YANG, M. H.; DARLING-HAMMOND, L. & KRONE, C. R. (2019). Nurturing nature: How brain development is inherently social and emotional, and what this means for education. *Educational Psychologist*, *54*(3), 185-204.

JOHNSON, D. W. & JOHNSON, R. T. (2014). Cooperative Learning in 21st Century. [Aprendizaje cooperativo en el siglo XXI]. *Anales de Psicología/Annals of Psychology*, *30*(3), 841-851

JOHNSON, D.W.; JOHNSON, R. T. y HOLUBEC, E. J. (1999). *El aprendizaje cooperativo en el aula.* Paidós.

KELLER, H. (2024). *La Historia de mi vida.* [4ta Ed.]. Editorial Renacimiento.

KEMMIS, S. T. y MCTAGGART, R. (1988). *Cómo planificar la investigación-acción.* Laertes.

KILPATRICK, W. (1918). *The Project Method. The Use of The Purposeful Act in the Educative Process.* Trachers College, Columbia University

KOZULIN, A. (2001). *La psicología de Vygotsky.* Alianza.

KROPOTKIN, P. (1902). *El apoyo mutuo. Un factor de la evolución.* <chrome-extension://efaidnbmnnnibpcajpcglclefindmkaj/https://es.anarchistlibraries.net/library/piotr-kropotkin-el-apoyo-mutuo.c109.pdf>.

LLEDÓ, E. (2018). *Sobre la educación. La necesidad de la literatura y la vigencia de la filosofía.* Taurus.

LÓPEZ MELERO, M. (s.f.). La educación Inclusiva una nueva cultura. <https://projecteromaalcoicomtat.wordpress.com/wp-content/uploads/2014/11/escola_inlcusiva.pdf>.

LÓPEZ MELERO, M. (1995). Diversidad y cultura: una escuela sin exclusiones. *Kikiriki, 38*, 26-38.

LÓPEZ MELERO, M. (2004). *Construyendo una escuela sin exclusiones. Una forma de trabajar con proyectos en el aula.* Aljibe.

LÓPEZ MELERO, M. (2010). Discriminados ante el currículum por su hándicap. Estrategias desde el currículum para una inclusión justa y factible. En J. Gimeno Sacrístán, J. (comp.). *Saberes e incertidumbres sobe el currículum,* 457- 478. Morata.

LÓPEZ MELERO, M. (2011). Barreras que impiden la escuela inclusiva y algunas estrategias para construir una escuela sin exclusiones. *En Innovación Educativa*, Nº 21, p.37-54.

LÓPEZ MELERO, M. (2012). La escuela pública: una oportunidad para humanizarnos. *Revista Interuniversitaria de formación del profesorado*. vol. 74, pp. 131-161. Zaragoza. ISSN: 0213-8646.

LÓPEZ MELERO, M. (2016). Educación Inclusiva, Escuelas Democráticas. En Irazema Edith Ramírez Hernández (Copiladora), *Voces de la Inclusión. Interpelaciones y críticas a la idea de "inclusión" escolar, 320- 376.* Praxis Editorial. <https://books.google.es/books?id=tTMoDwAAQBAJ&pg=PA320&hl=es&source=gbs_toc_r&cad=2#v=onepage&q&f=false>.

LÓPEZ MELERO, M. (2018). *Fundamentos y Prácticas Inclusivas en el Proyecto Roma.* Morata.

LÓPEZ MELERO, M. (2019, 8 / 11 de enero). *El Respeto a la diferencia como norma de convivencia humana universal* [Conferencia]. Foro Europeo de Administradores de la Educación de Madrid. Jornadas para la Inclusión. Palacio de Cibeles, Auditorio Caja de Música, Madrid. <https://1library.co/document/q2n8wwe6-jornadas-por-la-inclusi%C3%B3n.html>.

LÓPEZ MELERO, M. y PAYÁ GÓMEZ, M. (2019). Equidad Educativa y Diversidad: nada es imposible. En Silvia Ester Orrú y Enrico Bocciolesi (Organizadores), *Educar para transformar el mundo. Educación y diferencia por una educación de todos y para todos.* Librum. <https://www.researchgate.net/publication/335703456_Equidad_educativa_y_diversidad_nada_es_imposible_Educational_equity_and_diversity_nothing_is_impossible/link/5d76a99692851cacdb2de995/download?_tp=eyJjb250ZXh0Ijp7ImZpcnN0UGFnZSI6InB1YmxpY2F0aW9uIiwicGFnZSI6InB1YmxpY2F0aW9uIn19>.

LURIA, R. A.; LEONTIEV, A. N. y VIGOTSKY, L. (1986). *Psicología y Pedagogía*. Akal.

LYNCH, K.; BAKER, J., y LYONS, M. (2014). *Igualdad afectiva. Amor, cuidados e injusticia.* Morata.

MARGULIS, L. (2003). *La revolución en la evolución*. Universitat de València.

MARTÍN-SÁNCHEZ, M. (2022). *El gatopardo educativo ¿Qué hay de neo en las pedagogías alternativas?* Octaedro.

MATURANA, H. (1994). *El sentido de la humano.* Dolmen.

MBEMBE, A. (2011). *Necropolítica.* Melusina.

MCLAREN, P. y KINCHELOE, J. L., (2008). *Pedagogía crítica: de qué hablamos, dónde estamos* (Vol. 23). Graó.

NUSSBAUM, M. (2006). *Las fronteras de la justicia. Consideraciones sobre la exclusión.* Paidós.

NUSSBAUM, M. (2010). *Sin fines de lucro. Por qué la democracia necesita de las humanidades?* Katz-editores.

ONU (1948) *Declaración Universal de los Derechos Humanos.* París, 10 de diciembre de 1948.

ONU (1989). *Convención de los derechos del niño.* 20 de noviembre de 1989. París.

OVEJERO, A. (2003). *La cara oculta de los test de inteligencia. Un análisis crítico.* Biblioteca Nueva.

OVEJERO, A. (2018). *Aprendizaje cooperativo crítico: Mucho más que una eficaz técnica pedagógica.* Ediciones Pirámide.

OXFAM INTERMÓN (2023). *Informe de Cooperación Internacional para la Justicia Global 2023. Repensar el Sistema ante el Fracaso del Paradigma Desarrollista.* <https://www.oxfamintermon.org/es/publicacion/cooperacion-internacional-justicia-global-2023?utm_source=adwords&utm_medium=ppc&utm_campaign=oxfam-es-search-web&gad_source=1&gclid=Cj0KCQjwz7C2BhDkARIsAA_SZKZHEK_oPyg2YPghHbQys5tB9mZ6rectTJ8t8GNkDJgvZftdv1pq6ysaAqk5EALw_wcB#>.

PARASKEVA, J. M. (2020). Currículum. En: Espinoza Lolas, R. y Angulo Rasco, J.F. *Conceptos para disolver la educación capitalista.* Terra Ignota.

PEYLOUBET, P. (2012). *Co-construcción interactoral del conocimiento.* Nobuko.

PRECIADO, P. B. (2022). *Dysphoria mundi.* Anagrama.

RAWLS, J. (2002). *Justicia como equidad.* Tecnos.

REDON, S. (2024). El denso y complejo significado del concepto Educación en el marco de la educación para la ciudadanía: algunas aproximaciones. En

S. Redon, C, Belaustegui y N. Vallejos., *Ciudadanía y educación ¿ Utopía o realidad?* Ediciones Universitarias de Valparaíso, 17-63.

RESA PASCUAL, S. (1935). *El método de proyectos en una escuela española.* Darmáu Carles, Pla S.A- Editores Gerona.

RICHARDSON, K.; STEFFEN, W.; LUCHT, W.; BENDTSEN, J.; COR-NELL, S. E.; DONGES, J. F.; DRÜKE, M.; FETZER, I.; BALA, G.; VON BLOH, W.; FEULNER, G.; FIEDLER, S.; GERTEN, D.; GLEE-SON, T.; HOFMANN, M.; HUISKAMP, W.; KUMMU, M.; MOHAN, C.; NOGUÉS-BRAVO, D.; ROCKSTRÖM, J. (2023). Earth beyond six of nine planetary boundaries. *Science Advances, 9*(37). <https://doi.org/10.1126/sciadv.adh2458>.

RIECHMANN, J. (2015). La revolución (ecosocialista y ecofeminista) tendríamos que haberla hecho ayer. *Theomai,* (32), 13-35.

ROCKSTRÖM, J.; STEFFEN, W.; NOONE, K.; PERSSON, Å.; CHAPIN, F. S.; LAMBIN, E. F.; LENTON, T. M.; SCHEFFER, M.; FOLKE, C. & SCHELLNHUBER, H. J. (2009). A safe operating space for humanity. *Nature, 461*(7263), 472-475.

SÁBATO, E. (1999). *Antes del fin.* Seix Barral.

SAPON SHEVIN, M. (2013). La inclusión real: una perspectiva de justicia social. *Revista de Investigación en Educación,* nº 11 (3), 2013, pp. 71-85. Universidad de Vigo, Vigo (España).

SARAMAGO, J. (2000). *La Caverna.* Alfaguara.

SARAMAGO, J. (2010). *Democracia y universidad.* Editorial Complutense.

SANDIN, M. (2021). *Pensando la evolución. Pensando la vida. La biología más allá del darwinismo.* CAUAC.

SEN, A. (2010). *La idea de la justicia.* Taurus.

SHENK, D. (2011). *El genio que todos llevamos dentro. ¿Por qué todo lo que nos han contado sobre genética, talento y C.I. no es cierto?* Ariel.

SLAVIN, R. E. (1999). *Aprendizaje cooperativo: teoría, investigación y práctica.* Aique.

SOLER GARCÍA, C.; QUINTANILLA, V. y AGUILAR, D. (2018). La Formación Inicial del Profesorado. Un Proceso Democrático. *Revista Interuniversitaria de Formación del Profesorado*, 92 (32.2), 107-122.

SOLÍS, A. M.; SÁNCHEZ, J. M.; y LIRA, J. C. (2018). El diario de aprendizaje como instrumento narrativo para la reflexión y el fortalecimiento de la formación docente en estudiantes del posgrado de la UPN 097 Sur, CDMEX. RECIE. *Revista Electrónica Científica de Investigación Educativa*, Vol. 4, núm. 1, enero-diciembre 2018, pp. 419-429.

STAKE, R. E. (2004). *Evaluación comprensiva y evaluación basada en estándares*. Graó.

STENHOUSE, L. (1980). *Investigación y desarrollo del currículum*. Morata.

STOBART, G. (2010). *Tiempos de pruebas: los usos y abusos de la evaluación.* Morata.

TOMASELLO, M. (2010). *¿Por qué cooperamos?* Kaz-editores.

UNESCO (1981). *Declaración sobre la raza y los prejuicios raciales.* <https://www.ohchr.org/es/instruments-mechanisms/instruments/declaration-race-and-racial-prejudice>.

UNESCO (1990). *Declaración Mundial sobre Educación para Todos: La Satisfacción de las Necesidades Básicas de Aprendizaje.* <https://unesdoc.unesco.org/ark:/48223/pf0000262438_spa>.

UNESCO (2008). *La educación inclusiva: el camino hacia el futuro.* Cuadragésima octava reunión, conferencia internacional de educación, celebrada en ginebra del 25 al 28 de noviembre de 2008. <https://unesdoc.unesco.org/ark:/48223/pf0000162787_spa>.

UNESCO (2020). *Inclusión y Educación. Todos sin excepción. Resumen del informe de seguimiento de la educación en el mundo.* <https://unesdoc.unesco.org/ark:/48223/pf0000373721_spa>.

VYGOTSKY, L. S. (1973). *Pensamiento y lenguaje*. La pléyade.

VYGOTSKI, L. S. (1984). Aprendizaje y desarrollo intelectual en la edad escolar. *Journal for the Study of Education and Development, Infancia y Aprendizaje, 27*, 105-116.

VYGOTSKI, L. S. (1989). Fundamentos de defectología. Obras Completas. Tomo Cinco. Editorial, Pueblo y Educación.

VYGOTSKI, L. S. (2000). *El desarrollo de los procesos psicológicos superiores*. Crítica.

WEBER, M. (1964). *Economía y sociedad. Esbozo de sociología comprensiva.* Fondo de Cultura Económica.

WELLS, G. (1999). *Dialogic inquiry: Towards a sociocultural practice and theory of education.* Cambridge University Press

WERTSCH, J.V. (1988). *Vygotsky y la formación social de la mente*. Paidós.

YOUNG, I. M. (2000). *La justicia y la política de la diferencia*. Cátedra.

YOUNG, I. M. (2012). *Responsabilidad por la justicia.* Morata.

ZEICHNER, K. M. (2010). *La formación del profesorado y la lucha por la justicia social.* Morata.